# THE AMERICAN CELEBRITIES

# アメリカン・セレブリティーズ

辰巳JUNK

スモール出版

TATSUMI JUNK

# まえがき

「ポップカルチャー（Pop Culture）」の定義とはなんでしょうか。辞書らしいことを言えば、ポピュラーカルチャーの略称であり、大衆とされる人々の嗜好《しこう》を反映した文化活動や製品。この本でフォーカスするアメリカ合衆国においては、ポップスターのヒット曲やハリウッドのブロックバスター映画がその象徴といえるでしょう。なかでも面白いのは、英語圏インターネットにおいて、セレブリティ、つまりは有名人にまつわるゴシップニュースまでもこのワードの範囲内とされていることです。たとえば、高校生が始めた人気Tumblrページ「Pop Culture Died in 2009」は、２０００年代アメリカで話題になったセレブのゴシップやタブロイド記事を集めたもの。「ポップカルチャーはタブロイド文化が滅びた２００９年に終わった」と宣言するタイトルなわけです。しかしながら、本書はその「死」を否定します。タブロイドのかわりにソーシャルメディアが台頭した２０１０年代でも、セレブリティ文化含むアメリカのポップカルチャーは、かたちを変えながら存在したのだと。

本書は、20組におよぶセレブリティのスター街道にフォーカスしつつ、２０１０年代

***レディー・ガガの生肉ドレス**
２０１０年に行われたＭＴＶミュージック・ビデオ・アワードの授賞式でレディー・ガガが着用した「生の牛肉でできたドレス」のこと。「見事なアートだ」と称賛する声がある一方で、動物愛護団体が痛烈に批判するなど、賛否両論を巻き起こした。

アメリカン・ポップカルチャーの流れや事象を追う構成となっております。そのなかには、単なるゴシップと思われたことが文化のターニングポイントになったパターンもあるかもしれません。たとえば、世間をあっと驚かせた**レディー・ガガの「生肉ドレス」**は、奇抜なだけでなく、国家の同性愛差別システムを糾弾するステートメントでもありました。反して、**テイラー・スウィフトのように「沈黙」**を貫いたからこそひどいイメージがついてしまった存在もあります。もちろん、その後スターらしい「リベンジ」を遂げてみせたからこそ、彼女に1章割《さ》いているのですが。また、キャリア初期は**「有名なことで有名」**と軽視されたテレビスターのキム・カーダシアンが、そのレッテルのまま邁進した結果、大統領をも動かす存在となったことはご存知でしょうか？　これひとつとっても、アメリカのセレブリティワールドには摩訶不思議なことが起こりつづけてるといえます。本書は、その「摩訶不思議」の背景にあるものを探るセレブ探究記録です。ほかにもアカデミー賞獲得の裏にある熾烈《しれつ》なキャンペーン合戦など、音楽、映画、テレビ、ソーシャルメディアといったさまざまな領域のポピュラーカルチャーを取り上げてみたので、順繰りとは言わずとも、お気に入りセレブの章からお読みいただければ光栄です。

***テイラー・スウィフトの沈黙**
ポップシンガーとして熱狂的な支持を集めていたテイラーだが、自身の政治スタンスに関しては沈黙を貫いてきた。その沈黙は2018年に破られ、大きなムーブメントを巻き起こすこととなった。

***有名なことで有名**
「Famous for being famous」として英語圏で使われる表現。今日では主に音楽や演技、スポーツなど、多くの人が認める「特別な才能」を持たないにもかかわらず大きな知名度を獲得している存在を指す。セレブリティに対する揶揄に用いられることが多い。

-THE AMERICAN CELEBRITIES-

**コラム**

# レディー・ガガ

## アイデンティティ政治とリベラルなセレブリティ

# Lady Gaga

## 新しい「ポップの女王」

レディー・ガガと聞いてどんな人物が思い浮かぶだろうか？ なんだか奇抜な格好をしている人、歌が上手い人、そして立派なことを言っている人？ もしそうならば、アメリカにおけるイメージとだいたい同じだろう。

1986年ニューヨーク生まれのステファニー・ジョアン・アンジェリーナ・ジャーマノッタは、2008年、レディー・ガガとして音楽シーンに現れ、またたくまにスターダムに駆け上がる。ポップスターを戯画化したような奇抜なヴィジュアル、金属質なダンスポップ、そして、まるで演劇のような前衛的パフォーマンス。その姿は、瞬時に大衆の脳裏に焼きついた。斬新すぎる彼女の存在を「話題づくりしか能がないニセモノの歌手」と軽視する者も多かった。実際、2011年のナンバーワン・ヒット曲「Born This Way」は**マドンナ**の楽曲「Express Yourself」（1989年リリース）の盗作だと騒がれ、渦中の2人のあいだに深い溝を生むこととなる。ただし、ある種運命的なのは、すでに「ポップの女王」として伝説扱いされていたマドンナにしたって、かつては同様の蔑視を集めていたことだ。結果的に、レディー・ガガは新たなる「ポップの女王」と

**マドンナ**
1958年、ミシガン州ベイシティ生まれ。1982年にシングル「Everybody」でデビュー。1984年リリースの2ndアルバム『Like a Virgin』で世界的な大ブレイクを果たし、以来〝クイーン・オブ・ポップ〟としてトップアーティストの座に君臨しつづけている。ガガとの反目は長年続いたが、2019年、ガガが映画『アリー／スター誕生』にてアカデミー賞歌曲賞を受けた夜、電撃的に和解を果たした。

なり、ポップカルチャーを変革した。2010年代のアメリカの大衆文化は彼女なくして語れないほどに。

ガガがもたらした変革は多岐にわたる。まず「ポップスター」像の脱構築。2000年代の人気女性ポップスターはブリトニー・スピアーズなどの「セクシーなブロンド」がもてはやされたが、それらを誇張してコスプレするかのようなガガの出現によって流れが変わった。『BTS』章に詳しいが、ガガ以降、バービー人形のような「パーフェクトな美的基準」を誇る若手女性スター像は鳴りを潜めることとなる。フェミニズム再興やソーシャルメディアの普及もあり、「なにを美とするか」という思想自体が変わったのだ。

今や「セレブリティの必需品」とされるソーシャルメディア・ビジネスでも先手を打った。2010年代後半、その領域の成功者はBTSなどのK-POPグループやカーダシアン姉妹とされるが、アメリカにおいて、インターネットを駆使して強大なオンライン・ファンダムを築いた最初期のメガスターの一人はガガだろう。彼女のファン軍団の総称「リトル・モンスター」という言葉は、日本でも聞いたことがある人が多いかもしれない。

そしてもうひとつ。世界に多大な影響を与えたであろう彼女の革命は、アメリカン・ポップカルチャーにおける「アイデンティティ政治」の普及だ。

「あなたの肌が黒くても／白くても／ベージュでも／ラティーノでも
レバノン人でも／東洋人でも
障害があってイジメられても
今は祝福を／自分を愛して／だって／それがあなたなんだから
たとえゲイでも／ストレートでも／バイでも
レズビアンでも／トランスジェンダーでも
私は正しい道にいるわ」
（レディー・ガガ「Born This Way」）

## マイノリティのアイデンティティ

アイデンティティ政治とは、おもにジェンダーや人種など、社会で抑圧されるマイノリティのアイデンティティにもとづいて公平を求める政治運動とされる。多様性や包括性といったキーワードとも紐づけられがちだ。レディー・ガガはこの思想をポップソングによって広めた存在である。神の名のもとにマイノリティの存在を肯定した「Born This Way」が権利運動、とくにゲイパレードのアンセムとなったことは言うまでもない。この例にとどまらず、レディー・ガガは非常に政治的言動の多いポップアイコンである。たとえば、奇抜な衣装の代表格として名高い２０１０年の生肉ドレス。生肉でつくられた規格外なドレスはインターネットの話題をかっさらったが、そのデザインには「奇抜」以外の意味があった。当時、ガガはこのように語っている。「今すぐ権利のために闘わなければ、我々が持ちうる権利は骨についた肉と同程度の量となるでしょう」生肉ドレスは、マイノリティ差別、とくに、当時アメリカ軍が掲げていた差別的な規則「Don't Ask, Don't Tell（聞くな、言うな＝同性愛者であることを隠せ）」への反対声明だったのである。このステートメントの翌年、同ポリシーは終了している。また、２０１５年には、連邦最高裁判所の決定により、同性婚が合法と認められた。このように、ポップスターの立場から「アイデンティティ政治」を広めたガガの言動をたどれば、アメリカ社会の政治動向がうっすらと浮かんでくる。

もちろん、エンターテイナーによる政治的発言が活発なアメリカにおいて、マイノリティ抑圧に反対してきたセレブリティはガガが最初ではない。女性ポップスターにしても、**シェール**やマドンナなど、男性優位社会を批判し、女性やセクシャル・マイノリティ

**シェール**
１９４６年、カリフォルニア州エルセントロ生まれ。16歳のときに家出し、歌手のソニー・ボノと出会って結婚。夫婦ユニット「ソニー&シェール」として活動を開始した。１９７４年に離婚し、コンビを解消。以降はソロシンガーとして多くのヒット曲を生み出した。80年代以降は女優としても活躍している。年齢不詳なビジュアルなため、70代のとき出演した映画『マンマ・ミーア！ヒア・ウィー・ゴー』（２０１８年）においては3歳しか年齢差がないメリル・ストリープの母親役を演じた。

の権利のために闘ってきた先人たちがいる。しかしながら、ガガは比較的、時勢が味方した存在だったかもしれない。女性に細身を強いるボディイメージ問題から米軍によるビン・ラディン殺害まで、次々と声をあげていった彼女がトップスターとなった2010年代初期は、前述どおりTwitterやFacebookなどのソーシャルメディアが普及した頃でもある。そのため、アメリカの若者たちはガガと歩みをともにするかのように政治意識や個性の尊重に目覚めていき、結果、権利の主張や多様性促進が一大ブームになった。

需要が高まれば供給も増える。日本でも大ヒットを記録したディズニー映画『アナと雪の女王』（2013年）において「ありのままで」と個性を肯定するアンセム「Let It Go」、それに似たメッセージを発信した**アレッシア・カーラ**のような等身大なポップスターたちも「多様性の祝福」旋風および「Born This Way」の延長線上として捉えられるだろう（『BTS』章参照）。

## 「フェミニズム＝男性嫌悪」ではない

2015年に入ると、アメリカのセレブリティ界隈はすっかりアイデンティティ政治スピーカーで溢れ返る。なかでもわかりやすい変化は、女性の権利を訴えるフェミニズ

**アレッシア・カーラ**
1996年、カナダのオンタリオ州ブランプトン生まれ。YouTubeに投稿したパフォーマンス映像から人気に火が点き、2015年にアルバム『Know-It-All』でデビュー。2016年にディズニーのアニメ映画『モアナと伝説の海』のエンディング曲（「How Far I'll Go」）を担当。2018年には第60回グラミー賞で最優秀新人賞を受賞している。2017年のMTV VMAでのパフォーマンスはノーメイクで行った。

ム関連だろう。実は元々、アメリカの女性ポップスター界隈でフェミニストを自称する者が多かったわけではない。ガガだってそうだ。2009年、彼女は「男性を愛しているから」と言ってそう呼ばれることを否定した。しかしながら、翌年には姿勢を変化させる。「私はフェミニストです。多くの人がフェミニズムは男性嫌悪だと認識していますが、それは誤りでしょう」ガガの指摘には先見性があった。この宣言からおよそ5年後、つまり2010年代中盤には、多くの女性セレブリティがガガと同様の動きに出ることとなる。

たとえば、ガガと同じく2010年代初期のメガ・ポップスター旋風を代表する存在であったテイラー・スウィフトや**ケイティ・ペリー**は、どちらも2012年に「自分はフェミニストではない」と宣言している。彼女たちはそれぞれこう語った。「私は男女の敵対でものを考えない」「フェミニストではないけど女性のパワーは信じてる！」後年に黒人女性フェミニストのアイコンとなったビヨンセにしても、2013年、フェミニストかどうか問われて丁重に言葉を濁している。「わからない。その言葉は極端になりかねます……おそらく、私はモダン・フェミニストでしょう。私は平等を信じています」「ですが、私は幸せな結婚をしたんです。夫を愛してるんです」これらのコメントからは、ガガの言うとおり、当時の音楽界において「フェミニズム＝男性嫌悪」のイメー

**ケイティ・ペリー**
1984年、カリフォルニア州サンタバーバラ生まれ。2001年にアルバム『Katy Hudson』でデビュー（デビュー当時はケイティ・ハドソン名義）。2007年に名義をケイティ・ペリーに改めて以降、ヒット曲を連発。ポップスターとしての地位を確固たるものにした。大の日本好きとして知られており、好きな食べ物はローソンの「からあげクン」

ジが根深かったことがうかがえる。要するに、女性スターがフェミニストを自称するものならブランド毀損《きそん》につながりかねなかったのだ。

しかしながら、それからたった数年で、状況は大きく変わった。例に挙げた3人は、いずれも2015年ごろにはフェミニストを名乗りはじめ、その方針をアピールする戦略を強めていく。女優**ヴァネッサ・ハジェンズ**や男性ラッパーの**ファレル・ウィリアムス**など、ほかのスターたちも同様の動きを見せていった。こうして、2010年代の終わりには、アメリカの人気女性セレブリティ、とくに若年層がフェミニズム肯定者でないことのほうが珍しくなった。かつてのテイラーやケイティのように否定したほうがニュースになるような状況だ。ソーシャルメディアがマスメディアにも影響をもたらす存在となっていたこともあり、アメリカのポップカルチャーは差別的表現とその疑惑への厳しさを強めていった。この傾向は「キャンセルカルチャー」として議論されることになるが、それは『マイケル・ジャクソン』章で説明したい。

## セレブリティと政治宣伝

レディー・ガガのキャリアをひもとくと、デビューシングル「Just Dance」（2008

**ヴァネッサ・ハジェンズ**
1988年、カリフォルニア州サリナス生まれ。2003年『サーティーン あの頃欲しかった愛のこと』でスクリーンデビュー。ディズニーチャンネルのテレビ映画『ハイスクール・ミュージカル』（2006年）でブレイクし、ティーンアイドルとして人気を博す。その気さくな人柄から、恋愛映画の新女王候補として活躍している。

**ファレル・ウィリアムス**
1973年、バージニア州バージニアビーチ生まれ。10代の頃からプロデュースチーム「ザ・ネプチューンズ」のメンバーとしてプロデュース業を行い、数多くのヒット曲を世に送り出す。ソロアーティストとしても精力的に活動しており、2014年に発表したアルバム『GIRL』の収録曲「Happy」は年リリース）が民主党**バラク・オバマ**政権期最初のナンバーワン・ヒットであったことも示唆的だ。彼女が象徴する多様性ムーブメントには、このリベラルな政党の影がある。２００９年、黒人初の大統領がホワイトハウスに君臨した頃は、社会全体で多様性促進の気運も高まっていたのだ。その時点で、アメリカの音楽界や映画界のスターには民主党支持者が多かった。これらが相まり、オバマ政権期のポップカルチャーは「民主党議員とトップスターの結託」シーンが目立つようになる。その代表格もガガだろう。

たとえば、２０１６年に行われたアカデミー賞パフォーマンス。性暴力問題を扱ったガガのステージを紹介したプレゼンターは、なんと当時の副大統領**ジョー・バイデン**だった。その際、この大物政治家は、パフォーマー紹介のみならず、民主党が性暴力問題に注力していることまでスピーチしてみせる。要するに、高視聴者数を誇るアワード中継で堂々とオバマ政権の宣伝をしたわけだ。日本からすると驚きの光景かもしれないが、２０１０年代アメリカにおいては日常茶飯事の出来事だ。アカデミー賞では、司会が「**ヒラリー・クリントン**寄付パーティーでの面白エピソード」を語ることもあるし、大女優メリル・ストリープが堂々と共和党の大統領候補を糾弾したりもする。日本で知名度の高いアメリカ人スターの多くは民主党支持者と考えていいかもしれない。

世界的なメガヒットとなった。若さを保つファッションアイコンとしても知られており、美肌の秘訣は「とにかく角質除去すること」と明かしたこともあったが、後輩ミュージシャンのフランク・オーシャンから「保湿も大切」と反論（？）されている。

**バラク・オバマ**
１９６１年、ハワイ州ホノルル生まれ。第44代アメリカ合衆国大統領（２００９〜２０１７年）。アメリカ合衆国史上初の非白人大統領である。政治姿勢はリベラルで、音楽や映画などポップカルチャーへの造詣も深い。その演説の巧さとカリスマ性で、任期中から退任後まで高い人気を誇っている。２００９年、テイラー・スウィフトのスピーチに乱入したカニエ・ウェストを辛辣に批判したためか、後年ドナルド・トランプ支持に回ったカニエからはあまり評価されていないようだ。

## リベラル・ミリオネア

政治信条を語ることは個人の自由だが、問題は、なにも民主党が一強状態ではないことだ。アメリカでは、民主党と共和党が二大政党とされており、さまざまな選挙で勝敗を争っている。国民投票で選出される合衆国大統領にしても、この二党が椅子を取り合う。41代**ジョージ・H・W・ブッシュ**（共和党）、42代**ビル・クリントン**（民主党）、43代**ジョージ・W・ブッシュ**（共和党）、44代バラク・オバマ（民主党）……といった具合に。それゆえ、『テイラー・スウィフト』章でも触れるように、リベラル一辺倒なセレブワールドを良く思っていない国民も当然存在するわけだ。

「多様性促進」などと綺麗事を説くセレブたちは、そうすることで経済格差などの重大な問題を隠している、既得権益と癒着する大金持ち「リベラル・ミリオネア」だ……などなど、インターネットに限っても反感はたくさん出ていた。そんな不満を上手く突いたのが、共和党の第45代大統領ドナルド・トランプだろう。２０１６年大統領選挙レースにおいて、性差別や人種差別者疑惑がまとわりついた彼は、人気セレブリティからひどく嫌われる候補だった。もちろん、当時相当な数のスターが支持していたのは民主党



**ジョー・バイデン**
１９４２年、ペンシルベニア州スクラントン生まれ。オバマ政権で２００９年から２０１７年まで第47代副大統領を務めた。民主党中道派の重鎮といわれている。トランプ大統領からは「スリーピー・ジョー（寝ぼけたジョー）」というあだ名をつけられて揶揄されているようだ。オバマの相棒として知られているため、２人を主役にしたブロマンス探偵小説も刊行されている。

**ヒラリー・クリントン**
１９４７年、イリノイ州シカゴ生まれ。２０１６年大統領選挙では大統領候補となったものの、選挙人投票で敗北して落選した。選挙レース中、トランプに送った「アカウントを消せ」ツイートが話題となり、ラッパーのプシャ・Tがその文言を刷ったTシャツを販売したりもした。

**ジョージ・H・W・ブッシュ**
１９２４年マサチューセッツ

議員。ガガやビヨンセ、ケイティなど、アメリカが誇るトップスターがヒラリー・クリントンの応援に駆けつけていた。この状況を逆手にとったトランプは、選挙集会において「我々にはガガもビヨンセもいらない、必要なのはアメリカを偉大にするアイデアだけだ」と宣言し、みごと観衆を掌握してみせた。まぁ、テレビスターの経歴を持つ彼にしても、元々は民主党に献金していた「リベラル・ミリオネア」なセレブリティだったのだが……。

## 「トランプ氏の支持者を憎む必要はない」

なにはともあれ、トランプは大統領となったし、その勝利によってアメリカ社会の党派分断があらわになった。華々しいポップカルチャーではすっかり民主党的リベラリズムが根づいているが、現実のアメリカにはそれを良く思わない層もいる。そこでは、セレブたちも一端をになうアイデンティティ政治ムーブメントへの反感もはぐくまれていたのだ。

アイデンティティ政治時代を開拓したガガはどうなったのか。実は、彼女は「分断の時代」においても先を行っていた。2016年大統領選挙中、ヒラリー支援集会に登壇

州ミルトン生まれ。第43代副大統領、第41代大統領を歴任した。第43代大統領ジョージ・W・ブッシュの実父である。2018年に病院で亡くなったが、直接の死因は明らかになっていない。享年94歳。生前、野菜のブロッコリーがあまりに嫌いだったため、1990年に「大統領になったからもう食べない!」と宣言したが、怒った農家から大量のブロッコリーを送りつけられたという。

**ビル・クリントン**
1946年、アーカンソー州ホープ生まれ。第42代アメリカ合衆国大統領。任期中に女性スキャンダルで弾劾裁判まで追い込まれたものの辞任には至らず、任期満了まで務め上げた。ホワイトハウス実習生モニカ・ルインスキーとのスキャンダルが発覚した際、激怒したヒラリーにベッドルームから追い出され、数カ月間古びたソファーで寝た。

したガガは、トランプを批判しつつ、盛り上がる観衆に釘を刺した。「このメッセージを広めることは重要です。トランプ氏の支持者を憎む必要はありません。私たちが本当の、本当のアメリカ人であるならば、彼の支持者を敵と見るのではなく仲間と見るべきなのです」

ピュー研究所によると、アメリカにおける二大党派間の敵対心は1990年代以降の20年で大きく上昇した。1994年「支持しない政党の方針は大いに同意できない」と回答した二大党派の支持者はそれぞれ20％未満だったが、2014年には民主党員は38％、共和党員は43％にまで達している。オバマ政権期、多様性ムーブメントの先陣を切ったレディー・ガガは、みごとにそのアティチュードを業界の標準にしてみせた。それから7年ほど経って、今度は政治的敵対への反対を説いたわけだが、その声はポップカルチャー、そしてアメリカ社会に届くのだろうか。

**ジョージ・W・ブッシュ**
1946年にコネチカット州ニューヘイブン生まれ。第43代アメリカ合衆国大統領。任期中の2001年9月11日にアメリカ同時多発テロ事件が発生し、このテロに対する報復としてアフガニスタンへ侵攻。アフガニスタン紛争が勃発する。なお油絵を趣味としており、小泉純一郎元首相などのポートレイトを描きつつ、かわいいワンちゃんの絵も得意である。

# ドナルド・トランプ

## 共和党／民主党カルチャーのステレオタイプ

Donald Trump

## 人気テレビ番組の分断

二大政党が存在感を放つアメリカでは、ポップカルチャーすら「共和党／民主党」ステレオタイプでカテゴライズされることがある。統計調査や研究の対象にまでされているのだから驚きだが、これには一応の根拠がある。まずは、各党支持者に人気とされるテレビ番組を見てみよう。

◎二大政党支持者が好む番組
（２０１６&２０１７年E-Score Programsおよび２０１６年The New York Timesによる調査）

共和党：ファニー、明瞭な善悪、ファミリー向け
『ダック・ダイナスティ』
『ＮＣＩＳ～ネイビー犯罪捜査班』シリーズ
『ブルー・ブラッド～ＮＹＰＤ家族の絆～』
『グレイズ・アナトミー』

『The Voice』

民主党：セクシーでエッジィ、エモーショナル、人種的多様性、強いキャラクター

『モダン・ファミリー』

『ゲーム・オブ・スローンズ』

『ブルックリン・ナイン-ナイン』

『殺人を無罪にする方法』

『Empire 成功の代償』

この一覧では「共和党は保守的／民主党は進歩的」というステレオタイプが表出している。共和党支持者が相対的に好むテレビショーは、長年つづく犯罪捜査や医療など「テレビドラマの定番」とされてきたシリーズが多い。ただし、なにより象徴的な存在は、The New York Timesの調査で「最もトランプ支持者と相関のある番組」とされた『ダック・ダイナスティ』だろう。

## 『ダック・ダイナスティ』と『モダン・ファミリー』

『ダック・ダイナスティ』は鴨狩り用の道具を開発して大金持ちになったロバートソン家を主役とするリアリティショーだ。テキサス出身白人からなるこのファミリーは、かなり「田舎の保守派」っぽい人々である。一家の男たちは髭をたくわえ、頭にバンダナを巻き、銃を持ってハンティングする。もちろん銃規制にも反対だ。敬虔でやや伝統的なクリスチャンでもあり、企業CEO**ウィリー**の父、**フィル**は2013年に「同性愛者には神の罰が下る」旨を発言しスキャンダルになった。ウィリー本人は2016年大統領選挙においてドナルド・トランプを支持し、共和党全国大会で登壇している。銃規制反対、ホモフォビア（同性愛嫌悪）だとして批判も受ける保守的なキリスト教信仰、これらは2010年代に目立った共和党員ステレオタイプと一致している。

一方でリベラルな民主党カルチャーのキーワードは「多様性」だ。『モダン・ファミリー』はその名のとおり「新しいかたちの家族」がテーマである。ロサンゼルスを舞台に、ゲイカップルや移民がメインキャラクターとなっている。さまざまな人種やセクシュアリティの人々が登場し、「強い男と守られる女」といった伝統的ジェンダー観にとらわれ

**ウィリー・ロバートソン**
1972年、ルイジアナ州バーニス生まれ。鴨猟用品のブランド「Duck Commander」のCEOを務めており、同社は商業的に大きな成功を収めている。リアリティ番組『ダック・ダイナスティ』に出演したことで広く知られている。たくわえた長髪と髭がトレードマーク。額に巻くバンダナは星条旗柄がお気に入り。

**フィル・ロバートソン**
1946年、ルイジアナ州ビビアン生まれ。『ダック・ダイナ

んとするモダンフェミニズムな進歩主義、はたまた「都会的」とも例えられるスタンス……これこそ民主党カルチャーのステレオタイプなのだ。『レディー・ガガ』章で紹介した「アイデンティティ政治」的ともいえる。

## テレビ番組とプロパガンダ

こうした「共和党／民主党らしさ」判定は、地理的要因に結びついている。かなり大雑把ではあるが「農村部で共和党が強く、都市部で民主党が強い」印象はそれなりに普及している。「田舎っぽい」作品と「都会っぽい」作品が党派で語られることもあるし、実際イメージどおりのファン層がついていると検証されることもある。それゆえ、こうした人気コンテンツが選挙レースに利用される事例も出ている。

たとえば２０１６年大統領選挙レース時、トランプ陣営は人気テレビ番組視聴者のデータ分析をすることで広告費を削減したと報じられている。反オバマケアをアピールする宣伝を挿《い》れるなら先リストにも名前が挙がった『ＮＣＩＳ』シリーズ、移民を不安視する有権者層を狙うなら荒廃したアメリカでゾンビと戦う『ウォーキング・デッド』……といった具合に。

スティ』に出演して大きな知名度を獲得したが、２０１３年に同性愛を非難する発言をしたことで、同番組への出演停止処分を受けている。ティーンエイジャー時代には優秀なフットボール選手として大学の奨学金も獲得しているが、サッカーよりも狩りのほうが好きだったらしい。

民主党のリーダーたちを惹きつける番組は、E-Score調査「民主党支持者が好むショー」首位に輝く『ゲーム・オブ・スローンズ』だ。残酷さが売りのこのファンタジー大作を支えたメイン視聴者は都市部の若年層で、民主党の票田に近かったという。2020年大統領選挙に向けた候補者指名争いに参加した**エリザベス・ウォーレン**は『スローンズ』の女性キャラクターを称賛する文章をメディア寄稿、のちに「民主党の若き女性ホープ」**アレクサンドリア・オカシオ=コルテス**議員と最終回を語る映像までリリースしている。

民主党にとってはマイノリティ人種の存在も大きい。2016年大統領選挙CNN出口調査における非白人層の投票データは、どの年齢層、性別カテゴリでも同党のヒラリー・クリントンが優勢だった。とくに黒人はクリントン派が89%、黒人女性に限るとその数字は94%にまで至っている。それゆえ、人気テレビ番組ファンの党派性調査においても『殺人を無罪にする方法』『Empire 成功の代償』といった黒人俳優を主演とするシリーズは「民主党員フェイバリット」としてリストインしている。

**エリザベス・ウォーレン**
1949年、オクラホマ州オクラホマ生まれ。大学での教職を経て政界入り。「反ウォール街」を標榜する、民主党左派を代表する有力議員である。なお、女性キャラクターがことごとく良い活躍をしなかった『ゲーム・オブ・スローンズ』最終回には不満があるようだ。

**アレクサンドリア・オカシオ=コルテス**
1989年、ニューヨーク州ニューヨーク生まれ。通称AOC。プエルトリコ系の家系に生まれ、大学を卒業後に出版社経営やバーテンダー／ウェイトレスの職を経たのち2018に史上最年少の女性下院議員となった。オンライン・ゲーム『リーグ・オブ・レジェンド』上位15%に入るほどの凄腕プレイヤーでもあるらしい(2019年11月時点)。

**ケニー・チェズニー**
1968年、テネシー州ノック

## 共和党員はカントリー、民主党員はヒップホップ

党派のカラーは、ポピュラーミュージックの世界でより顕著に表れている。

◎二大政党共和党・民主党支持者が好む音楽（2012年ブライアン・ウィットマン、2016年Bloomberg調査）

共和党：カントリー

**ケニー・チェズニー**、**ブレイク・シェルトン**、**フロリダ・ジョージア・ライン**、**トーマス・レット**

民主党：ヒップホップ、チャートヒット・ポップ

リアーナ、**ジェイ・Z**、マドンナ、**ドレイク**、カニエ・ウェスト、**フューチャー**

「共和党員はカントリー、民主党員はヒップホップ」これは、アメリカのポップカルチャーで最も有名な党派ステレオタイプかもしれない。定額制ストリーミング・サービ

スビル生まれ。10代のときに初めてギターを手にし、独学で演奏しはじめる。1994年にデビューアルバム『In My Wildest Dreams』をリリース。夢を追う女の子について歌った2003年の楽曲「Big Star」をテイラー・スウィフトとデュエットしたこともある。その後輩が大成したこともあって「皮肉にもテイラーそのものな曲になっちゃったね」と振り返っている。

**ブレイク・シェルトン**

1976年、オクラホマ州エイダ生まれ。2001年にリリースしたデビューシングル「Austin」がヒット。人気オーディション番組『The Voice』の審査員としても知られており、共演者であるアダム・レヴィーンとの「BL／ブロマンス」的かけ合いを売りにしていたが、ミランダ・ランバートにグウェン・ステファニーと、ビッグな女性ミュージシャンとの交際歴を持つ。

スSpotifyのデータをもとにした上記2調査を見てみよう。共和党支持者がとりわけ好むアーティストや楽曲は、農村部で根強い人気を保つカントリーが寡占《かせん》状態。民主党派の場合、アーバンミュージックとも括られるヒップホップ・アクト、および調査当時チャートヒットを記録していた女性ポップスターが並ぶ。共和党はカントリー、民主党はアーバン、人気音楽ジャンル名からして「地方と都会」なわけだ（アーバンという呼称には批判も多く、死語になりつつあるが……）。

この二大政党カラーは、前出のテレビ番組リサーチとも一致している。2010年代のヒップホップやポップスターのヒット作品はセクシーでエッジィな描写が目立つし、それらのコミュニティには、フェミニズムや人種差別反対など、アイデンティティ政治を提唱する民主党派ミュージシャンも多い（『レディー・ガガ』章参照）。さらにいえば、カントリーは白人、ヒップホップは黒人のアクトが多いジャンルである。

## 二大政党をどちらも支持しない人々

ただし、こうした党派イメージは絶対視しないほうが良い。たとえば、前出Bloomberg調査は「他集団に対して該当グループがとくに再生した楽曲」を抽出する手法をとって

**フロリダ・ジョージア・ライン**
2010年、テネシー州ナッシュビルで結成されたデュオ。メンバーはタイラー・ハバードとブライアン・ケリーで、2012年リリースのシングル「Cruise」は、ヒップホップ／ハードロック／エレクトロニカから影響を受けたカントリーミュージック「Bro-country」として話題になった。結成地こそテネシーだが、メンバーそれぞれの出身地はグループ名からもわかるようにフロリダ州とジョージア州である。

**トーマス・レット**
1990年、ジョージア州バルドスタ生まれ。10代の頃にドラムを学び、バンド活動を経てソングライターとして活動をスタート。ジャスティン・ティンバーレイクやブルーノ・マーズのファン。R&Bやポップとの融合こそカントリー・ミュージックが大衆人気を獲得できる方法だと語っている。

いる。「各党派グループに最も再生された楽曲群」は以下となる。

◎共和党支持者に最も再生された楽曲（2016年5月27日発表）
1位ドレイク「One Dance」
2位**デザイナー**「Panda」
3位**ジャスティン・ティンバーレイク**「CAN'T STOP THE FEELING!」

◎民主党支持者に最も再生された楽曲
1位ドレイク「One Dance」
2位デザイナー「Panda」
3位ジャスティン・ティンバーレイク「CAN'T STOP THE FEELING!」

揃いに揃ったこの並びは、同年6月4日づけBillboard HOT100とも一致している。つまり、支持政党に関係なく、多くのリスナーがヒット曲を聴いているのだ。総合再生数の上位だけ見れば「分断」は生じていない。

このリサーチには、あとひとつ見どころがある。「二大政党をどちらも支持しない人々」

**ジェイ・Z**
1969年、ニューヨーク州ニューヨーク生まれ。1996年にアルバム『Reasonable Doubt』でデビュー。ラッパー／プロデューサーとして数々の作品を大ヒットさせているほか、さまざまな分野で実業家として成功している。プライベートでは娘の学校のPTA会議に出席したり、妻ビヨンセのInstagram用の写真を撮ってあげたりと、基本的には良き夫として知られている。

**ドレイク**
1986年、カナダのオンタリオ州生まれ。2001年にドラマ『デグラッシ：ネクスト・クラス』に出演し人気を得る。2010年にアルバム『Thank Me Later』でラッパーデビューし、ミュージシャンとしても大ブレイク。マッチョな伝統的ラッパー像とは異なる「繊細で甘い男性像」表現で知られる。初恋の人リアーナとは何度もくっついては別れている。

も調査対象にされているのだ。このグループがとりわけ聴いた**J・コール**「No Role Modelz」はラッパーであるコールの人生、およびセレブとしての空虚な生活をつづった曲なのだが、皮肉なことに、二大党派の対立が激化した大統領選挙でヒラリーもトランプも支持できない人々の虚しさを体現するようなヴァースが展開されている。

「お手本になる人がいない
記憶の奥底の底まで探したけど
一人も見つけられないんだ」

## アメリカ人が目にした「真実」

J・コール、本名ジャーメイン・ラマー・コールは、1985年黒人の父と白人の母のあいだに生まれた。コンシャス（社会問題などへの意識が高い）ラッパーとして知られ、キャリアを築いたあとも貧困地域のサポートを行っており、人種や格差の問題についても熱心に取り組んでいる。それゆえ、あえてカテゴライズするなら「民主党カルチャー」アーティストだ。実際、『ビヨンセ』章で紹介する好感度調査においてもその人気は同党員に偏っている。

**フューチャー**
1983年、ジョージア州アトランタ生まれ。ドラッグのリーンをラップ界隈で流行らせたり、泥沼法廷劇を繰り広げた元妻シアラを辛辣に口撃するなど、「ワルい男」のイメージを持つラッパー。ややジョークなスタンスで彼を「Toxic Masculinity（有害な男らしさ）」のアイコンとして持ち上げるファン層も存在する。

**デザイナー**
1997年、ニューヨーク州ニューヨーク生まれ。カニエ・ウェストによって見出され、2015年にリリースした楽曲「Panda」が大ヒットし、一躍有名ラッパーの仲間入りを果たした。「Panda」の由来は、高級車BMW X6のホワイトがパンダに似ていたことから。

**ジャスティン・ティンバーレイク**
1981年、テネシー州メンフィス生まれ。1995年にボーイグループ「イン・シンしかしながら、本人の政治的立場はスター界の主流からはズレている。たとえば、バラク・オバマ称賛ムードが強いヒップホップ界に身を置きながら、２０１４年にはオバマ政権への失望を表明する楽曲「Be Free」をリリースしている。２０１６年大統領選挙では共和党のトランプも民主党のクリントンも支持せず、結局のところ投票に行かなかったという。つまり、自身のリスナーの一部と同じく、二大党派どちらにも属さなかった存在である。そんな彼は、２０１８年、国を党派別に見る文化から逸脱した、むしろそうした二元的視点を批判するかのような意見を明かしている。

「トランプ大統領就任で気に入ったのは、アメリカ人が真実を目にしたことだ。もしヒラリー・クリントンが当選してたら、みんなクソ表面的に騒いだだろ？　〝自分たちはクールだ！　素晴らしき女性大統領を選んだんだから！〟って」

「でも、俺たちの国はまだまだ愚かなんだよ。ドナルド・トランプに騙されるほどにね」

ク」のメンバーとして歌手デビュー。２００２年のグループ解散後はソロアーティストとして活動している。１９９９年から２００２年ごろまでブリトニー・スピアーズと交際していたことでも有名。破局後、ブリトニーとマドンナがキスするＶＭＡステージを虚無の表情で見つめていた。

**J・コール**
１９８５年、西ドイツのフランクフルト生まれ。アメリカのノースカロライナ州で育ち、10代の頃からラップを始め、２０１１年にアルバム『Cole World: The Sideline Story』がヒットし、人気ラッパーとしての地位を確立。本文中で紹介した「No Role Modelz」では、ジョージ・W・ブッシュ元大統領の有名な「ことわざ言い間違え」スピーチが引用されている。

-THE AMERICAN CELEBRITIES-

# カニエ・ウェスト

## 暴言王と儲かるビーフビジネス

Kanye West

## 常識を破壊する天才

「いつか21世紀を振り返るとき、人々が思い出すのはコロンバイン高校銃乱射事件、9・11、ドナルド・トランプ、そしてカニエ・ウェストだろう」これは、2018年に『ポップスター』という映画をリリースした**ブラディ・コーベット**監督の発言だ。ほかの取材では、深刻な事件の報道とポップスターのゴシップが同列に扱われることへの問題意識を提示している。まぁ、そこまで現実から乖離《かいり》した見立てでもないだろう。アメリカ大統領選挙が国を揺るがした2016年、Priceonomicsが発表した『アメリカのメディアで最も報じられた人物トップ10』には、ドナルド・トランプやヒラリー・クリントン、**バーニー・サンダース**ら大統領の座を争った政治家たちと並んで、ブラディが名指ししたアーティスト、カニエ・ウェストの名前があった。

1977年、イリノイ州シカゴに生まれたカニエ・オマリ・ウェストは、常識を破壊する「天才」の冠にふさわしい存在だ。彼が才能を発揮する分野は多岐にわたる。まず音楽。カニエはソロアーティストとしてもプロデューサーとしてもポピュラーミュージックを拡張しつづけてきた。ほんの一例だが、『ビリー・アイリッシュ』章で触れている

**ブラディ・コーベット**
1988年、アリゾナ州スコッツデール生まれ。子役としてキャリアをスタートし、『サーティーン あの頃欲しかった愛のこと』(2003年)でスクリーンデビューを飾る。俳優業と並行して映画監督／脚本家／プロデューサーとしても活躍し『シークレット・オブ・モンスター』(2016年)や『ポップスター』(2018年)などを手掛けている。『ポップスター』の主人公に特定のモデルはいないそうだが、アメリカではブリトニー・スピアーズとの類似性も指摘されている。

**バーニー・サンダース**
1941年、ニューヨーク州

「ラッパーの憂鬱描写」旋風は、カニエのメランコリックでメロディアスな4thアルバム『808s & Heartbreak』（2008年）が礎《いしずえ》にあると語られている。

『リアーナ』章の後半にあるようなファッションビジネスにおいても大きな成功を収めている。とくにadidasと協力した「YEEZY（イージー）」ラインは、スニーカーを筆頭として2010年代ストリートトレンドの顔となった。

## 暴言王カニエ

代表的な実績を書き並べるだけでも1章終わってしまいそうなくらいだが、セレブリティ文化的には、もうひとつ、彼の持つかけがえのない才能が挙げられる。世間からの注目を集めつづける暴言王としての側面だ。2010年代にすっかり定着した彼のパブリックイメージは「エゴイズムに満ちた炎上連発セレブ」さまざまな領域で常識を破壊する彼は、自画自賛を惜しまない。「史上最高のアーティスト」自称はもはや口癖と言っていい。2013年には、ご丁寧に「I Am a God」と名づけられたトラックにて神宣言を繰り出し話題をつくった。

ニューヨーク生まれ。「民主社会主義者」を自称する、民主党会派で最もリベラルな議員の一人。大工や映画監督、ハーバード大学で教鞭を執るなど多彩な経歴を持っており、富裕層への増税や国民皆保険、公立大学の無償化などの実現を主張。社会の格差を是正することの重要性を訴えている。ニューヨーク・ブルックリン地区のユダヤ系移民の家庭に生まれ、幼少期に格差を目の当たりにした経験が現在の政治方針の原点になっているという。ザ・ストロークスやヴァンパイア・ウィークエンドなど、インディロック勢からの支持が厚い。

世間を揺るがす問題発言も彼の十八番《おはこ》だ。大きな始まりといえるエピソードが、デビューアルバムで培った「インテリ」像を粉々にしたブッシュ大統領糾弾事件である。2ndアルバム『Late Registration』をリリースした2005年、ハリケーン・カトリーナ災害に対するチャリティ・コンサート中継に出演したカニエは、生放送でこう言い放ったのだ。「ジョージ・ブッシュは黒人のことなんてどうでもいいと思ってる」当時のホワイトハウスの対応に関する人種差別疑惑は遺恨を残すことになるのだが、無論、カニエのリアルタイムな爆弾発言は大変な騒動となった。

## 「カニエは大馬鹿者」

そのあともカニエは止まらない。母親の急逝や婚約破棄により心に傷を負った2009年には、MTV VMAアワードにて最優秀女性アーティスト・ビデオ賞を獲得したテイラー・スウィフトのスピーチに乱入。メンターであるジェイ・Zの妻ビヨンセが受賞すべきと主張し、お祝いの場をめちゃくちゃにしてしまった。このときカニエは30代、テイラーは20歳そこそこだった。バラク・オバマ大統領すらこの件に関して「カニエは大馬鹿者」と批判する大騒動に発展し、レディー・ガガは彼との共同ツアーをキャンセルした。10年後、「俺はキャンセルカルチャーが生まれる前からキャンセルされつづけてきた」と語っただけある、炎上つづきのキャリアである（キャンセルカルチャーについては『マイケル・ジャクソン』章参照）。

晴れ舞台を台無しにされたテイラー・スウィフトも黙っていなかった。カニエからの和解を受け入れた彼女が翌年リリースした楽曲「Innocent」には、彼に宛てた詞が並んでいる。「32歳でしょ／まだまだ成長途上／あなたが誰なのか／過去の行動では決まらない／あなたはまだイノセント」この礼儀正しい嫌味ともとれる楽曲に激怒したカニエが謝罪を撤回したことで、両者の闘争は10年におよぶこととなる（『テイラー・スウィフト』章コラム参照）。

## ピュアでイノセントな暴言王

しかしながら、作家としてのテイラーの目はなかなかだったかもしれない。暴言王カニエ・ウェストが注目を集めつづける一因には、「イノセント」ともいえる彼の魅力がある。「お騒がせセレブ」として知られる彼は、それと同時に、つねに「本気」で一生懸命なのだ。たとえば、ソロアーティストとしてデビューするために自身を売り込んでいた頃、若き彼はコロムビア・レコードの幹部相手にこう言い放ったという。「俺はマイケル・ジャクソンよりも巨大な存在になる。**ジャーメイン・デュプリ**よりもな……」脚光を浴びる前から自信満々だったことがわかるこのエピソードには、ちゃんとオチがついている。「ジャーマン・デュプリより偉大」宣言をぶつけられたお偉いさんは、ジャーメイン・デュプリその人の父親だった。

前述したVMAスピーチ乱入事件が起こった2009年にしても、カニエの独特な「本気」は健在である。正確な時期は不明だが、ローマに行ってラグジュアリー・ファッションブランドFENDIのインターンを始めたのだ。ゆうに数億円は稼いでいたスターでありながら、待遇は一般インターンと同じ月額500ドル程度の報酬であった。カニエによると、9時から17時まで、特別なことは任されずにコピーをとったり上司のカプチーノを買いに走ったりする日々だったそうだが、憧れの企業の従業員カードを持っているだけで幸せだったという。

その後、アメリカに舞い戻ったカニエは革新的な音楽アルバムをリリースしていき、「稀代のアーティスト」兼「お騒がせセレブ」としての立ち位置を確立した。2015年には、セレブ界を代表するビッグカップルとして結婚式も挙げた。お相手は、リアリティショー・スターのキム・カーダシアン。彼女の章にあるように、セックステープ流

**ジャーメイン・デュプリ**
1972年、ノースカロライナ州アシュビル生まれ。10代の頃からダンサーとして活動し、1992年にラップデュオ「クリス・クロス」のプロデュースを手掛ける。クリス・クロスのシングル「Jump」とアルバム『Totally Krossed Out』は大ヒットした。プロデュース業だけでなくラッパーとしても活動しており、1998年にはアルバム『Life in 1472』をリリースしてデビューを飾った。このアルバムのプロデューサーの一人はカニエ・ウェストであった。

出で有名になったため、当時は見下されがちな存在であった。しかし、カニエは評判をものともせず、愛する人を称賛しつづけた。たとえば、2012年の楽曲「Clique」では「俺の彼女はホームムービーでスーパースターになった」とラップすることで、テープ流出自体を肯定している。

2015年には、グラミー賞最優秀アルバム部門においてビヨンセが敗れたことから、MTV VMAアワード乱入事件を再現するように壇上に突入。その場は穏便にすまされたものの、授賞式後インタビューではグラミーに対する憤りを唱え、後日マドンナから「賞にこだわりすぎ」とコメントされた。

## 変人の奇行か、天才の偉業か

リアルタイムでは「奇人エピソード」として処理されていったかもしれないが、のちのち偉業にもつながっている。まず、コロムビア・レコード幹部への言葉。マイケルはともかく、ジャーメイン・デュプリ以上のビッグネームなアーティストになったことは事実だ。FENDIでのインターンにしても、YEEZYを筆頭とした後年のファッション界での成果を考えれば「ただのほっこり話」というわけでもない。ともにインターンを経験した盟友**ヴァージル・アブロー**は、カニエのプロジェクト群のアートワークを担当するうちにファッションデザイナーとして大成していき、2018年には黒人として初のLouis Vuittonのクリエイティブ・ディレクターに就任している。結婚当時は嘲笑されがちだった妻キムも、巨額のビジネスを成功させる不動のスーパースターとなった（『キム・カーダシアン』章参照）。2015年以降、グラミー賞に対する人種差別疑惑の問題がどんどん大きくなっていったことは『ケンドリック・ラマー』章に詳しい。前述の「神宣言」がなされたアルバム『Yeezus』（2013年）シーズン、かの**ルー・リード**は、カニエの才能に対して惜しみない賛辞を贈っている。

「カニエ・ウェストはソーシャル・ネットワーキングとヒップホップの申し子だ。音楽やポピュラーカルチャーの類を熟知している。あいつは巨大なパレットで遊んでるんだよ」
「本当に、本当に、本当に才能がある。バー（標準）自体を上げようとしてるんだ。誰一人として近づけていない。彼がやっていることにはね。まるで違う星の営みのようだ」

ここで触れられているとおり、才能溢れるカニエはソーシャル・ネットワークも大の

**ヴァージル・アブロー**
1980年、イリノイ州ロックフォード生まれ。大学在学中にファッションに興味を持つようになり、Tシャツのデザイナーとしてキャリアをスタート。2013年にストリートファッション・ブランドOff-Whiteを立ち上げ、注目を集める。彼のLouis Vuittonクリエイティブ・ディレクター就任については盟友カニエも喜んだが、同時に「(元々ルイ・ヴィトン・ドンと呼ばれて同ブランドともコラボしていた)俺がなるべきだった」と主張。

**ルー・リード**
1942年、ニューヨーク州ニューヨーク生まれ。1965年にロックバンド「ヴェルヴェット・アンダーグラウンド」を結成。1970年にバンドを脱退し、翌年にアルバム『Lou Reed』でソロデビュー。アヴァンギャルドでありながらポップさも兼ね備えた音楽性で多くの熱狂的なファンを獲得し

「遊び場」としていた。というか、まさに、ソーシャル・ネットワーキングとヒップホップ・カルチャーの相性を立証してみせた存在でもある。

## 商業的に大成功したビーフ

時系列が行ったり来たりして恐縮だが、一旦、彼の「お騒がせ」キャラを確立させたブッシュ発言あたりに戻ろう。それから数年経った2007年、カニエは人気ラッパーの**50セント**との熾《し》烈《れつ》な対決に巻き込まれてしまう。喧嘩屋としても知られる50セントが新アルバムの同週発売をしかけ、「セールスで負けたらソロアルバムは二度と出さない」と宣言したのだ。それから2人は雑誌カバーやテレビ番組で共演していき、メインストリームのイベントとしてバトルを盛り上げていった。売上結果は、カニエの『Graduation』が95万枚、50セントの『Curtis』が60万枚。つまりカニエが勝利したわけだが、勝敗自体は大きな問題ではない。当時、1週間で2つのアルバムが60万ユニット売れることは、ニールセン史上2回目の出来事だった。結局ラップをやめなかった50セントは、後年、このバトルについて自画自賛している。「あれは俺たちが創造した……最高のマーケティングだった」

た。2013年、膵臓疾患のため逝去。享年71歳。カニエの『Yeezus』について「自分を好む人々に嫌悪感を抱かせようとしている」とし、その姿勢をアクセル・ローズと比較した。

**50セント**
1975年、ニューヨーク州ニューヨーク市生まれ。10代の頃にRUN DMCのジャム・マスター・ジェイと出会ったことでラッパーとしてのキャリアをスタート。2003年にエミネムとドクター・ドレーのサポートを受けて制作したデビューアルバム『Get Rich or Die Tryin'』がヒットし、人気ラッパーとしての地位を確立した。2000年に9発の銃弾を撃たれ生還したことでも有名。カニエも顔面にワイヤーを通すほどの自動車事故から生き残ってデビューに漕ぎ着けたため、ちょっとした共通点といえるかもしれない。

負けたはずの50セントが誇ったように、マネタイズされたエンターテイメントなバトルを通して2人ともにウィナーとなったことこそ、ヒップホップ、ひいてはポップカルチャー史における重要事項なのである。ラッパー同士の対立を指すビーフの歴史は長い。**2パック**対**ノトーリアス・B.I.G.**、ジェイ・Z対**ナズ**などが代表的な例だ。しかし、カニエと50セントの対決は一線を画していた。大々的かつポップで商業的だったし、なによりも、オンラインの観衆を熱中させてみせた。インターネットとヒップホップが存在感を大きくした2000年代におけるビーフのマーケティング価値をド派手に立証したショーこそ、カニエ・ウェストと50セントの売上対決といえる。

2010年代には、ソーシャルメディアを熱狂させるラッパーたちのビーフが続々とメディアのヘッドラインを飾っていた。代表格となるのは、2018年に巻き起こった、カニエの盟友**プシャ・T**とドレイクのバトルだろう。同年5月、プシャが新アルバム『DAYTONA』にて、元々関係が悪かったドレイクのゴーストライター疑惑を叩いたことでゴングが鳴った。これに対して、ドレイクは1日もしないうちに返答トラックをドロップし、「お前を宣伝してやった費用の請求書をカニエに送る」と反撃。そうして10万ドルを求める本格的な請求書のデータをInstagramにアップしてみせた。これに対し、プシャ・Tは待ってましたとばかりに牙をむく。新たなるディスソング「The Story

**2パック**
1971年、ニューヨーク州ニューヨーク生まれ。ヒップホップ・グループ「デジタル・アンダーグラウンド」のメンバーとしてラッパーデビューし、1991年にアルバム『2Pacalypse Now』でソロデビュー。映画俳優としても活動し、1996年にリリースされたアルバム『All Eyez On Me』は大ヒットを記録した。東西海岸ヒップホップ抗争が激化した1996年、何者かに銃撃され逝去。享年25歳。

**ノトーリアス・B.I.G.**
1972年、ニューヨーク州ニューヨーク生まれ。10代の頃にドラッグディーラーをしながらラッパーとして頭角を現し、1994年にデビューアルバム『Ready To Die』をリリース。同アルバムは今なおヒップホップ史上屈指の名盤に数えられている。1997年、何者かに銃撃されて命を落とす。享年24歳。生前に録音し終え

of Adidon」にて、ドレイクに隠し子がいると暴露したのだ……！　わずか1週間程度で泥沼化してしまったビーフだが、少なくとも、マーケティング的には成功した。The Economistによると、同期間、プシャ・TのGoogle検索率は50倍まで増えている。アルバム『DAYTONA』はキャリア最高となるBillboardトップ3デビューを達成。第一に音楽作品として評判が良かったことが大きいだろうが、プシャがしかけた凶悪なビーフには、情報が移り変わるソーシャルメディアで注目されるために必要なもの、適切な供給スピードと啓示的リリックが備わっていた。

## カニエ vs テイラー・スウィフト

インターネット時代のビーフ・ビジネスを切り拓いたカニエ・ウェストにしても、適切なタイミングと巧みなセンスによってソーシャルメディアの注目を集めつづけるスターだ。2016年、彼が『アメリカで最も報道された人物』トップ10入りを果たした理由は、熾烈なビーフでソーシャルメディアを揺るがしたことが大きい。同年には、宿敵テイラー・スウィフトとのビーフがあった。ざっくり言うと、始まりの場所VMAアワードで大々的な和解に至った2人であったが、それから少し経ってカニエが7thアルバム『The Life of Pablo』の発表会で収録曲「Famous」を流した瞬間、友情に終止

ていたアルバム『Life After Death』は彼の死後にリリースされた。生前はジェイ・Zと同じ高校に通っていた。

**ナズ**
1973年、ニューヨーク州ニューヨーク生まれ。ミュージシャンである父親の影響で音楽に興味を持ちはじめ、1991年にヒップホップグループ「メイン・ソース」の楽曲「Live at the Barbeque」に参加したことで注目を集める。1994年リリースのデビューアルバム『Illmatic』は各方面で絶賛され、ヒップホップ屈指の名盤に数えられている。しかしながら、本人は、20年以上も続く同アルバムへの祝福に疲弊してしまったそう。似た話としては、1997年の大ヒット映画『タイタニック』に主演したケイト・ウィンスレットが「セリーヌ・ディオンのテーマソングを聴くだけで吐き気をもよおす（ほどどこに行っても流される）」と告白している。

符が打たれた。問題になったリリックはこちら。「テイラーとセックスできるかもな／俺があのビッチを有名にしてやったんだから」この「Infamous（不名誉）」な宣言はすぐさま炎上。俳優として活動するテイラーの弟**オースティン**はカニエ・ブランドYEEZYのスニーカーをゴミ箱に捨てる動画をアップした。テイラーもグラミー賞授与式にて「女性の成功を妨げる男性」を批判するスピーチを行った。しかし「テイラー本人があの歌詞に同意していた」と主張を始めたカニエは、自分やテイラー、そしてブッシュ元大統領などのセレブリティを模した蝋人形が裸体で横たわる「Famous」のミュージックビデオをリリース……などなど、怒涛の展開が次々に起こっていったわけだが、こちらにしても、マーケティングとして効果的なビーフだった。The Economistによると、この争いが勃発した2016年2月、カニエ・ウェストのGoogle検索率は5年間で最高値を記録。騙されたと主張する本人からしたら計算外だったかもしれないが、結果的には、十二分にアルバムの宣伝になったことだろう。

アルバムの宣伝期間が終わろうと、カニエとテイラーの争いは続いた。夏ごろ、妻キム・カーダシアンが「カニエがテイラーと電話して歌詞の了承をとるような録画映像」をソーシャルメディアにドロップしたのだ。テイラーは反論に出たものの、数多のインターネットユーザーから嘘つき認定を下され、壮絶なバッシングを浴びる羽目に陥って

**プシャ・T**
1977年、ニューヨーク州ニューヨーク生まれ。バージニア州バージニアビーチで育ち、1992年に弟のノー・マリスとともにヒップホップ・デュオ「ザ・クリプス」を結成。2010年にカニエ・ウェストが主催するレーベル「GOOD Music」と契約を結ぶ。2015年にはカニエに指名されて同レーベルの社長に就任した。ドレイクとのビーフでは、カニエが彼に隠し子情報を流した噂も流れた。しかし、プシャによると、ドレイクの盟友ノア"40"シェビブが、深い仲にある女性にバラしたことが発端だとか。

**オースティン・スウィフト**
1992年、ペンシルベニア州レディング生まれ。大学で映画について学び、2016年に『サイバー・リベンジャー』でスクリーンデビュー。その後もテレビシリーズ『Still the King』（2017年）や映画『We

しまった。

この顛末からもわかるように、ソーシャルメディアとビーフ、その両方で光り輝くカニエ・ウェストの魅力は「本気」にある。セレブリティのSNSビジネスが発達するに従って彼らがつく嘘も露見していった旨を『キム・カーダシアン』章で紹介するが、この面に限れば、カニエは信頼にたる存在といえる。彼の問題発言が新作リリース期間に投下されがちなことは事実だが、その後もインパクトある主張を連続させるため、マーケティングっぽさはかき消えてしまう。多くの人々が「本気」だと受けとめるのだ。さらには、その多くが賛否も呼ぶ内容のため、議論も巻き起こっていく。まさしく注目を集めつづける才を授かったスターといえる。

## トランプ支持の表明と「奴隷制は選択」発言

テイラーとのバトルを繰り広げた2016年末、カニエ・ウェストは新たなる闘争を開始した。妻キムが強盗に襲われるなどして精神的に困窮するなか、コンサート中、共和党ドナルド・トランプへの支持を表明したのだ。『ドナルド・トランプ』『ビヨンセ』章でも触れたように、アフリカン・アメリカンの多いラップ・コミュニティの反トラン

Summon the Darkness』（2019年）などに出演している。カニエがプロデュースしたスニーカーを捨てる動画では陽気に口笛を吹いており、「はやめの春の大掃除」とのキャプションがつけられていた。ここからも演技好きなことがうかがえる。

プ気風は強い。そもそも、例のブッシュ発言で知名度を上げたカニエ自体、人種差別問題に敏感なイメージでやってきていた。たとえば2011年、ジェイ・Zとコラボした「New Day」においては、自分の息子が共和党員になっちゃうかも、とのジョークをラップしている。無論、トランプ支持を表明したカニエは大々的なバッシングに見舞われた。しかし、ここでも彼は己の「本気」を貫く決断を下す。睡眠障害で病院に搬送されて治療を受けることとなった際も、退院してすぐドナルド・トランプのもとに駆けつけて一緒に写真を撮ったし、トランプ支持者ネットワークとのコネクションも築いている。

アルバム連続リリースを前にした2018年5月には、キャリア史上最大級の問題発言に至る。ゴシップメディアTMZのインタビューにて「400年も奴隷制度が続いていたのなら、それは黒人たちの選択だったように思える」と語ったのだ。これは「アメリカの黒人は民主党支持」といった思い込みこそ隷属的だとする主張の例えとして投げかけられた雰囲気ではあった……とはいっても、ものすごい騒動になったことは言うまでもない。T.I.や50セント、スヌープ・ドッグなど、ラッパーからも批判を受けていたが、ビーフと括るには敵が多すぎた。そのさなか本人がドロップしたトラックどおり「Ye vs. the People（カニエvs人々）」な状況である。いつもは寛容な妻キムすら「私たちはすべて失った！」と叫び呼吸困難になるほどだったという。ただし、後日談としては、カニエのキャリアは終わらなかった。それどころか、YEEZYのスニーカーは売れつづけて彼にビリオネア級の富をもたらしている。音楽作品にしても、ポピュラーな作風から離れたにもかかわらずきちんとヒット。2020年ごろには、キリスト教信仰を深化させていき、ゴスペル合唱団を引き連れて『ジャスティン・ビーバー』章で紹介するような福音派、それも同性愛差別で有名な団体とともに宗教イベントに参加した。

これまで常識を破壊してきたカニエのことだから、大きな批判を呼んだトランプ支持や信仰傾倒の軌跡のなかにも、後年評価される行動があるかもしれない。ただし、今わかることは、彼の存在がある意味でアメリカのポピュラーカルチャーのキャパシティを証明していることだ。2007年にブッシュ糾弾発言を繰り出して以降、稀代の暴言王はバッシングをものともせず第一線のキャリアを保ちつづけ、ビジネスを拡張させていった。供給するプロダクト自体の需要が高いこと、スキャンダルの類に寛容といえるラップコミュニティ出身であること、そしてビジネスを自己所有していったことが大きいだろうが、それでも、カニエ・ウェストのスターダムは、悪評が耐えないエンターテイナーでも成功できる、それどころかバッシングすらビッグビジネスに転換できるアメリカ文化市場の強みを表しているだろう。

かつて「ジョージ・ブッシュは黒人のことなんてどうでもいいと思っている」発言を擁護するために師ジェイ・Zが放った言葉こそ、彼の存在を象徴するラインなのかもしれない。

「これがアメリカだ。誰しもが言いたいことを言えるべきなんだ。我々にはフリーダム・オブ・スピーチ（発言の自由）がある」

## 失敗したビーフ

リスナーのみならずゴシップメディアまで楽しませる音楽スターたちのビーフだが、キャリアに打撃を与えたとされるパターンもある。たとえば、2000年代初期に起こった、人気ラッパーの**ジャ・ルール**と50セントのビーフ。熾烈な争いのなか、50の仲間である**エミネム**やドクター・ドレーまで標的としたジャ・ルールは、2003年、5thアルバム『Blood in My Eye』にて得意としたR&Bスタイルからハードな路線へスタイルを転向し猛攻撃に出た。その代償なのか、売上は下落。肝心のディス内容の評判も悪かったことから「ビーフに執着しすぎて失敗した代表例」として語り継がれることとなる。一方、50セントはそれから数年後の2007年、例のカニエ・ウェストとのエンターテインメントなビーフを展開させたことで、それまでつきまとっていた「怖いイメージ」のポップ化に成功したと評されている。

2010年代においても、短期的マーケティングとしては失敗とされたビーフがある。2015年7月22日、ラッパーの**ミーク・ミル**が、スーパースター

**ジャ・ルール**
1976年、ニューヨーク州ニューヨーク生まれ。10代の頃にラッパーとしてのキャリアをスタートし、1999年にアルバム『Venni Vetti Vecci』とシングル「Holla Holla」でデビュー。ジェニファー・ロペス、アシャンティ、R・ケリーなどとコラボレーションを果たして人気を獲得した。50セントとの不仲ネタは長らく続いている。2018年には50セントが「ジャ・ルールのコンサートの前列200席を買い占めて空席にしてやった」と主張して煽った。

であるドレイクのゴーストライター疑惑をTwitterにて糾弾した。ドレイクは即座に反応し、25日に反撃トラック「Charged Up」をドロップ。さらにその4日後、ミークからの返答を待たず第2弾のディストラック「Back to Back」を公開してみせた。つまり、ドレイクは1週間足らずで2つのディストラックをドロップしてみせたのだ。当のミークは31日になってようやく1曲、「Wanna Know」をアップロードした。相当な盛り上がりを見せたビーフであったが、結果はドレイクの大勝であった。ミークの当時の恋人ニッキー・ミナージュの存在を持ち出して「格差カップル」と揶揄した「Back to Back」は、Billboard HOT100で20位につくヒットを記録し、グラミー賞ベスト・ラップ・パフォーマンス部門ノミネートに至っている。一方、Nielsenによると、しかけた側のミーク・ミルは話題になったにもかかわらず、アルバムセールスを45%も下落させてしまった。ドレイクに比べて応戦するスピードが遅すぎたうえ、リリックも観衆を盛り上げるものではなかったからだとして経済誌The Economistより酷評されている。

しかしながら、いくらビーフが話題づくりに効果的といっても、結局セールスに重要なことは楽曲自体そのものの需要、というのが著者の所感である。失

**エミネム**
1972年、ミズーリ州セントジョセフ生まれ。10代の頃にラッパーとして活動を始め、数々のMCバトルに参加する。その才能をドクター・ドレーに見出され、1999年にアルバム『The Slim Shady LP』でメジャーデビュー。一躍人気ラッパーの仲間入りを果たす。翌年に発表した2ndアルバム『The Marshall Mathers LP』が大ヒットし、人気を不動のものにした。ドラッグ依存などに苦しんだのち、10年におよぶ禁酒生活を貫く。音楽活動にしても、11時きっかりにスタジオ入りして17時に退出する「定時労働」を行っているらしい。

**ミーク・ミル**
1987年、ペンシルベニア州フィラデルフィア生まれ。10代前半の頃からMCバトルに参加してラップを始め、友人たちとともにヒップホップグループ「ザ・ブラッドハウンズ」

敗の代表格であるジャ・ルールにしても、音楽スタイル変更の影響は大きかったはずだ。逆に言うなら、ビーフで評判が落ちたとしても、逆転するチャンスは十分にある。ドレイクにコテンパンにやられたことで「お間抜けキャラ」の烙印が押されてしまったミーク・ミルは、2019年、和解を果たしたドレイクその人とのコラボレーション「Going Bad」によってキャリア初のトップ10ヒットに到達した。

を結成。2012年にアルバム『Dreams and Nightmares』でソロデビューを果たした。ドレイクとの和解後には、元恋人となったニッキー・ミナージュとの舌戦を激化させる。

# 「政治的分断」スーパースターの「黒人女性らしさ」

# ビヨンセ

# Beyoncé

# 神聖なる黒人スター

問1、アメリカのポピュラーミュージックの王は誰?

十中八九挙がる名前は、キング・オブ・ポップ、マイケル・ジャクソンだろう。

問2、2010年代に活躍したシンガーで、最も敬われているのは?

こちらはおそらく、多くの人がビヨンセの顔を浮かべるのではないか。なにせ、第44代ファーストレディー、**ミシェル・オバマ**すら彼女を「クイーン」と呼んでいるのだから。


1981年、テキサス州ヒューストンに生まれたビヨンセ・ジゼル・ノウルズは、マイケル・ジャクソンに憧れる少女だった。数奇なことに、彼女は目標であるキング・オブ・ポップと少しばかり似た道のりを歩むことになる。両者とも共和党が強い州に生まれた黒人で、父親から厳しい指導を受けつつグループの一員としてメジャーデビューを果たす。以降の活躍は知ってのとおり。トップスター間でも突出したパフォーマンス技術と豪勢なヴィジュアル戦略を武器に、ソロアクトとして音楽界のトップに君臨した。アメリカの「神聖なる黒人スター」ポジションは、2009年にマイケルが亡くなったこ

**ミシェル・オバマ**
1964年、イリノイ州シカゴ生まれ。夫は第44代アメリカ合衆国大統領のバラク・オバマで、ミシェルは2009年から2017年までアフリカ系アメリカ人として初のファーストレディであった。2016年大統領選挙においては、共和党ドナルド・トランプのスローガン「Make America Great Again(アメリカをふたたび偉大に)」を受けて「この国をふたたび偉大にする必要があるなど言わせてはならない。何故なら、アメリカはすでに世界で最も偉大な国だからだ」と演説して喝采を浴びた。

とによってビヨンセに明け渡されたとも語られている。ただし、そんな2人でもゴシップメディアにおける境遇はまったくの別ものだ。

## 大衆が羨む富、名声、家族

晩年のマイケル・ジャクソンは児童性愛疑惑の悪評を被せられつづけた（当該章参照）。一方、ビヨンセは、デビューから20年間、クリーンなイメージを保っている。私生活では「史上最高のラッパー」と名高いジェイ・Zと結婚。この2人はどちらも稼ぐ。企業家でもある夫婦の2018年合計資産は推定12億ドル、音楽界初のビリオネア・カップルだ。アメリカのスターファミリーらしく、ビヨンセの妹**ソランジュ**がジェイ・Zを暴行する監視カメラ映像が流出したり、後年ジェイの不倫騒動が明かされるなど、波乱も経験してきたが、どちらの遺恨もビヨンセが加害者というわけではない。2020年現在は良好な夫婦関係を築いているようで、3人の子どもにも恵まれている。

まさに、ビヨンセはパーフェクトだ。30代にして大衆が羨む富も名声も家族も手にしている。しかしながら「賛否両論のスーパースター」としての肖像はマイケルと一致しているかもしれない。2010年代アメリカで、彼女は確かに敬われている。ただ、そ

**ソランジュ**
1986年、テキサス州ヒューストン生まれ。16歳のときに本格的にアーティスト活動を開始し、シンガーソングライター／モデル／女優として活動。2016年にリリースしたアルバム『A Seat at the Table』が全米ナンバーワン・ヒットを記録し、ソロアーティストとしての評価を確立した。グッゲンハイム美術館で集団パフォーマンスを披露するなどアート路線が強い作風だが、ビヨンセのコーチェラ・ステージで踊る姿を見ればわかるように、姉妹揃って運動神経抜群。

れと同時に、多くの国民から憎悪されているとしたら?

## 共和党支持者から最も嫌われる女性

アメリカに二大政党それぞれのカルチャー・ステレオタイプやその研究が存在することは『ドナルド・トランプ』章で解説したが、その彼の当選により「分断」がホットワードとなった2018年には『好感度が政治的に分裂しているエンターテイナー』調査が発表された。このランキングでトップになった人物こそ、ビヨンセなのである。

◎好感度が政治的に分裂している人気エンターテイナーTOP10(2018年MorningConsult調査)

1位ビヨンセ・ノウルズ(歌手)
2位**ショーン・ハニティ**(テレビ司会者)
3位**ラッシュ・リンボー**(ラジオMC)
4位**エレン・デジェネレス**(テレビ司会者)
5位**レブロン・ジェームズ**(アスリート)
6位ジェイ・Z(ラッパー)

**ショーン・ハニティ**
1961年、ニューヨーク州ニューヨーク生まれ。ラジオ番組「The Sean Hannity Show」やFOX系列のテレビ番組「Hannity」の司会者で、保守系の政治評論家である。2015年、サウスカロライナ州で起こった人種差別主義者による銃乱射事件を受けて、スーパーマーケット・チェーン「ウォルマート」が南軍旗の販売を取り下げた際は「それならば人種および性差別的なリリックを含むビヨンセやジェイ・Zのレコード販売も取り下げるべき」と主張した。

**ラッシュ・リンボー**
1951年、ミズーリ州ケープ・ジラードー生まれ。ラジオ番組「The Rush Limbaugh Show」の司会者として知られる保守系の政治評論家。リベラリズム、フェミニズム、環境保護論者、左派政治家らに対して辛辣な批判を行っている。2020年には、肺がんである

7位ケイティ・ペリー（歌手）
8位レディー・ガガ（歌手）
9位リアーナ（歌手）
10位**ジョージ・クルーニー**（俳優）

この調査で対象となったエンターテイナーは、Forbesに選出された2017年最も収入が高かった100人。二大政党支持者間で最も好感度に格差があった者がリストされている。TOP10のうち好感度が「共和党＞民主党」だった者は2位ハニティと3位リンボーのみ……とはいっても「誰？」状態だろうか。2人とも右派コメンテイターの大御所だ。左派とされる民主党支持者に嫌われるのはまぁ当然だろう。その反対も然り。残る8人の民主党派人気に偏るスターたちは、マイノリティ権利提唱などを行う、民主党と距離が近いイメージの「リベラル・ミリオネア」たちだ（『レディー・ガガ』章参照）。共和党やトランプ政権を差別的だと糾弾する者も多い。

なかでもビヨンセは抜きん出ている。彼女の好感度は、民主党派60ポイント以上、共和党派0以下ネガティブ。同ランキング上位15人中「民主党支持者から最も愛される女性ミュージシャン」であると同時に「共和党支持者から最も嫌われる女性」に位置して

ことを告白。その直後、ドナルド・トランプ大統領が議会下院にて行った一般教書演説にて、民間人に対する最高位の勲章である大統領自由勲章を贈られた。

**エレン・デジェネレス**
1958年、ルイジアナ州メテリー生まれ。大学中退後、1980年ごろにはスタンダップ・コメディアンとして突出した人気を獲得し、1994年よりABC系列にてテレビ番組「Ellen」をスタート。1997年には同性愛者であることをカミングアウトし、全米最大級の保守的キリスト教派閥がディズニーへのボイコットを呼びかけるなど大騒動に発展した（ABCはディズニーの子会社であるため）。テレビ業界では苦難も経験したものの、2003年よりスタートした「エレンの部屋」で大成功を収め、国民的お茶の間番組ホストの地位を手にした。

いる。とはいっても、彼女は、ガガやリアーナ、ケイティほど辛辣に政敵を糾弾したりはしない。ある種、ミュージシャン冥利《みょうり》に尽きるように、インパクトの大きい音楽表現が敬意と敵意を買っているのだ。

## 性別間の社会的、政治的、経済的平等を信じる者

ビヨンセの女王の座を決定づけた一因は「民主党カルチャー」の特色ともいえる「モダン・フェミニズム」と「人種問題」表現にある。2010年代前半期、セレブリティ間でフェミニズム・ムーブメントが起きたことは『レディー・ガガ』章で説明したが、そこで大きなトリガーとなったのはビヨンセだった。2013年にリリースされた5thアルバム『Beyoncé』にて、大々的にフェミニスト宣言を放ったのである。楽曲「***Flawless」では、黒人女性フェミニスト、**チママンダ・ンゴズィ・アディーチェ**による以下の演説をサンプリングしている。

「女の子たちは萎縮するよう教育されます。ちぢこまっていなさいと。我々は彼女たちに言うのです。〝あなたは野心を持てる、でも大きく持ちすぎてはいけない。成功しなさい、でも成功しすぎちゃ駄目。男たちの脅威になってしまう〟私は女性で

**レブロン・ジェームズ**
1984年、オハイオ州アクロン生まれ。「史上最高のバスケットボール選手」とも称される、アメリカで最も影響力と人気のあるアスリートの一人。リアーナは彼の大ファンで、試合を観に来ては熱い眼差しで見守っている。一方、彼の出場する試合をジェイ・Zと最前列で観戦したビヨンセは、注目されることが嫌だったのか、近づいてくるレブロンに対して顔をそむけるような態度をとって話題になった。

**ジョージ・クルーニー**
1961年、ケンタッキー州レキシントン生まれ。1978年にテレビシリーズに出演しはじめてキャリアをスタート。1994年に始まった医療ドラマ『ER緊急救命室』のダグ・ロス医師役でブレイク。主演した映画『オーシャンズ』シリーズなどがヒットして世界的なスターとしての地位を確立。「一生結婚しない」宣言を

あるから、結婚を熱望するよう期待されています。結婚こそ人生最良の選択だと常に思わされるのです。たしかに結婚は幸福、愛、支え合いの源になりえますが……何故我々は、女子にのみ結婚を熱望させ、男子に同様の教えを説かないのでしょうか？　我々は、女性を同性同士の敵対に駆り立てます。私自身は、仕事やものごとの達成のための競争は良いことだと思います。しかし、女性たちは男性の気を惹くための敵対を求められるのです。我々は女の子たちに、男の子たちのように性的であってはいけないと教えます。フェミニストとはなんでしょう。それは性別間の社会的、政治的、経済的平等を信じる者です」

衝撃だった。当時の混乱を表すかのように、ビヨンセの大胆な声明はフェミニストたちのあいだでも賛否両論を巻き起こす。とくに、セクシーなダンスを踊るビヨンセ自身が「女性の性的搾取」を誘導しているといった批判は、人種問題論争にまで発展することとなる（『リアーナ』章参照）。ただし、この宣言が文化的に巨大な余波をもたらしたことは確かだ。2010年代初頭、多くの女性ポップスターが「フェミニスト」自称を避けていたことは『レディー・ガガ』章に詳しいが、そうした空気が様変わりしたのである。

した色男であったが、50代となった2014年、人権活動家でもあるエリート弁護士アマル・クルーニーと電撃婚約を果たす。2007年に「ジョージは10年以内に結婚する」として10万ドルを賭けた友人であり女優ミシェル・ファイファーの予言が的中したかたちとなった。

**チママンダ・ンゴズィ・アディーチェ**
1977年、ナイジェリアのエヌグ州生まれ。ナイジェリア大学で医学と薬学を学び、19歳で渡米。大学に通いながら作家活動をスタートし、2013年に長編『アメリカーナ』を発表して全米批評家協会賞を受賞した。2016年にはフランスを代表するラグジュアリーブランドDiorのコレクションにフィーチャーされ、ランウェイで涙を流した。

たとえば、ティーンに人気を誇った女優ヴァネッサ・ハジェンズの2015年の発言。「フェミニズムに関しては立場を決めかねていたの。逆効果な気がしてた。過激すぎて、女性の権利の提唱というより〝私は男だ!〟みたいになってる感じ」「でも今は、まさしく女性の平等のための新たなフェミニズムの到来を感じてる。もちろん、ビヨンセのおかげ。彼女がゲームを変革したの!」フェミニストは男性嫌悪者、といったイメージは、少なくともポップカルチャーにおいてはだいぶ薄まった。チママンダによる「性別間の社会的、政治的、経済的平等を信じる者」定義へと書き換えられたのだ。

2010年代USポップカルチャーにおけるフェミニズム・ムーブメントの兆候は『Beyoncé』以前から脈打っていたものの、とりわけ尊敬を集めるビヨンセが「フェミニストな女性セレブのスタンダード化」を後押ししたことは否定できない。

## ブラックパンサー党のオマージュ

2016年、6thアルバム『Lemonade』シーズンでは、ビヨンセの人気の党派分断が決定的となる。リードシングル「Formation」には、2010年代に連続発生した「白人警官による無抵抗の黒人銃殺」の描写、つまりは白人警官の人種差別疑惑に抗議するブラック・ライブズ・マター運動の要素が組み込まれていた。この曲を国民的人気を誇るスーパーボウル中継のハーフタイム・ショーで披露したのだから、大騒ぎになった。

ブラック・ライブズ・マター運動は、党派間によって賛否が異なるのだ。２０１７年のピュー研究所による調査では、民主党員は支持80ポイント、反して共和党員は不支持が65ポイントだった。というか、アメリカでは「今でも社会の人種差別は深刻か否か」を問う基本的な設問自体、二大政党で分裂する状態が続いているし、トランプ政権下、その意識の差はより拡大した。ビヨンセが引き連れるダンサーの衣装がブラックパンサー党のオマージュであったことも大きな議論を呼んだ。１９７０年代ごろ黒人解放を掲げた同党は、ブラック・コミュニティを支援すると同時に警察と戦闘を繰り広げた武闘組織としても知られている。

ビヨンセの表現に対しては、大きく言って2つの見方が生まれた。「黒人の権利運動とその歴史のトリビュート」とする称賛、そして「命を懸けて市民を守る警官への侮辱」だと受けとめる怒り。もちろん、前者はリベラル&民主党、後者は保守&共和党寄りとしてカテゴライズされていった。国民的中継番組におけるブラックネスな一大パフォーマンスは「分断ショー」として連日連夜マスメディアを騒がせた。「アンチ警察ステートメント」疑惑が本人によって否定されようと騒動は収まらず、一部地域では警察と保安官の連合抗議デモまで行われる事態に発展している。

## アメリカで生きる黒人女性の怒り

こうして、アメリカが誇る稀代の黒人女性スターは、国の政治分断を象徴する存在となった。でも、何故なのだろう？　繰り返すが、彼女はすでに富も名声も持っている。それなのに、一定数から反感を買うデリケートな政治的表現を続けるのである。２０１９年、その動機が垣間見える瞬間が訪れた。２０１８年のコーチェラ・フェスティバル出演を追ったドキュメンタリー映画『HOMECOMING』（２０１９年）にて、自身の表現に関する想いを吐露したのだ。なかでも、本番を前にダンサーやクルーに語った言葉は印象的だ。

「これまで代弁者を持たなかった人たちが舞台にいるかのように感じることが大事なの。黒人女性として、世界は私に小さな箱に閉じ込められていてほしいのだと感じてきた。黒人女性は過小評価されてるとも。ショーだけじゃなく、過程や苦難に誇りを持ってほしい。つらい歴史に伴う美に感謝し、痛みを喜んでほしい。祝福してほしい。不完全であることを、数々の正しき過ちを。みんなに偉大さを感じてほしい。体の曲線や強気さ、正直さに。そして自由に感謝を。決まりはない。私たちは自由で安全な空間を創造することができる。そこでは、私たちの誰ものけものにされない」

注目すべきなのは1行目だろう。アメリカのポップカルチャーでは「マイノリティの存在がマジョリティである白人層に都合のよいかたちで描かれがち」だと問題視されつづけてきた。いやでも、それこそ**ホイットニー・ヒューストン**などの、黒人の大スターがアメリカには存在しつづけたではないか……と意見を挟みたくなるかもしれないが、ビッグビジネスに身を置く彼女たちの表現は「マジョリティが許容できる範囲」という制限が課せられつづけてきたと論じられている。そして、それはビヨンセも同様である。

実は、映画でフォーカスされたコーチェラ・パフォーマンスは、ほかでもない彼女の母親を恐怖させる内容だった。母は「白人観衆が拒否する内容だ」と怯えたという。歴史的黒人大学HBCUにトリビュートを捧げたビヨンセのコーチェラ・ステージは、アメリカのメガ・ポップスターの大舞台では類を見ないほど、あまりに「黒人らしい」表現だったのである。ここでもビヨンセは「アメリカで生きる黒人女性としての怒り」の

**ホイットニー・ヒューストン**
1963年、ニュージャージー州ニューアーク生まれ。1985年、アルバム『Whitney Houston』で歌手デビューを果たす。映画『ボディーガード』（1992年）に出演して一世を風靡し、大ヒット曲「I Will Always Love You」を収録した同映画のサントラは全世界で5000万枚を売り上げた。2012年に自宅で事故死。享年48歳。死後もその名声は衰えず、あまりの人気から、彼女をホログラムで復活させるコンサート企画も発表されている。

披露にこだわった。つまり、フェミニズムとプロテストも健在。大勢の白人観客が見上げるステージでは、前述したチママンダの演説のみならず、急進派イメージで知られる公民権活動家**マルコム・X**のアジテートまで流されている。

「アメリカで最も蔑まれているのは黒人女性だ！　最も危険に曝されているのは黒人女性だ！　最も無視されているのは黒人女性だ‼」

## キング・オブ・ポップと肩を並べる女王

今では「民主党カルチャーの代表格」状態のビヨンセだが、アメリカ社会で「のけもの」にされてきた黒人女性として「黒人らしさ」を表現するだけで「政治的」とカウントされてしまう側面も否定できない。黒人投票者の約9割が民主党支持という分布を考えれば尚更だろう。それでもビヨンセは、アメリカに生きる黒人女性として、自身の感情や経験、家族や民族のレガシーを表現しつづけた。そこから「つらい歴史」をなかったことにする行為は、彼女にとって誠実ではないのかもしれない。

きっと、メジャーデビュー25周年となる2022年を迎えても、ビヨンセの好感度は

**マルコム・X**
1925年、ネブラスカ州オマハ生まれ。アフリカ系アメリカ人のイスラム運動組織「ネイション・オブ・イスラム」の伝道師として活動し、1950〜60年代の黒人解放運動の指導者として知られている。1965年、銃撃によって殺害された。享年39歳。攻撃的な表現も得意としたことから非暴力派マーティン・ルーサー・キングと対の存在とされることが多く、『X-MEN』シリーズのプロフェッサーXとマグニートー、映画『ブラックパンサー』のティチャラとキルモンガーの対立構図など、ポップカルチャーへの影響もはかりしれないと考えられている。

党派で分断したままのはずだ。彼女に向けられる好意と反感、そのどちらが正しいかは、本稿で断言するものでもないだろう。しかしながら、表現者としての評価に関しては、ひとつの道筋を提示することができる。黒人文化、そして黒人女性であることを目一杯表現したコーチェラ・パフォーマンスは、結果的に、ポップカルチャー史の転換点となった。かつてフェミスト宣言を業界のスタンダードにしたように、公演を成功させることで「マジョリティが許容できる程度にとどめる」大衆文化の暗黙のルールを書き換えたのだ。コーチェラ公演後、Billboardはその偉業を讃えるひとつの比較論考をリリースした。

「今のビヨンセと比較できる存在はただ一人……永遠のキング・オブ・ポップ、マイケル・ジャクソンだけだ」

かつてキング・オブ・ポップに憧れた少女は、王と肩を並べる女王になったのである。

# テイラー・スウィフト

## 「政治的中立」スターの華麗なるリベンジ

# Taylor Swift

## 「優等生」テイラー

セレブリティの支持層はどこなのか？　アメリカでたびたび語られ調査されてきた疑問だ。ポピュラーカルチャーにすら党派別ステレオタイプが存在する状況ならば当然だろう（『ドナルド・トランプ』章参照）。なかでも、スターのアイデンティティ政治活動がアクティブになった2010年代（『レディー・ガガ』章参照）、彼女ほどファンベースに注目が集まった存在はいない。アメリカが誇るシンガー・ソングライター、テイラー・スウィフトは、政治の激動に巻き込まれたスターそのものだ。

1989年、ペンシルベニア州で誕生したテイラー・アリソン・スウィフトは「アメリカン・スウィートハート」の冠にふさわしい女の子だった。生まれは農場だが、父方は銀行頭取の家系のエリート銀行員で、母は投資信託マーケティング勤務経験を持つ主婦。家族にサポートされながら若くして才能を発揮し、16歳ごろカントリー・ミュージシャンとしてデビューを果たす。彼女が書くリリックは文芸的で私小説のようだったし、ブロンドが目印のクラシック風味のヴィジュアルにしても、セックスアピールを厭わないほかのポップスターとは一線を画していた。テイラー・スウィフトは、保守的な白人層が理想とするような「アメリカン・スウィートハート」であり、後年の当人いわく「good girl」、つまり「優等生」だったのだ。ただし、ゴシップメディアから注目された要素は「大人しい女子」とは対極である。彼女は、メジャーデビュー以降、10年にわたって破局した元恋人への熾烈なリベンジソングで世間を騒がせつづけていく。

## 破局相手への想いをつづるリベンジソング

たとえば、2006年のデビューアルバム『Taylor Swift』に収録された「Picture to Burn」では、元恋人に向けて「あなたのこと全然好きじゃなかった」「あのオンボロなトラック大っ嫌いだった」と並々ならぬ罵詈雑言《ばりぞうごん》が続く。交際は無駄な時間でしかなかったと断言し、「あなたの親友全員とデートしようかしら」と脅迫までしている。

テイラーの復讐譚はトップスターになったあとも続く。魑魅魍魎《ちみもうりょう》のセレブリティ界に仲間入りしたのだから、お相手もきらびやかだ。ケネディ一族やトップアイドル、ハリウッドスターなど、まるで映画のようなロマンスを繰り広げては破局し、リベンジソングをリリースしていった。たとえば、2012年のナンバーワン・ヒット曲「We Are Never Ever Getting Back Together」は、邦題どおり「私たちは絶対に絶対にヨリを戻さない」宣言で、元恋人である俳優**ジェイク・ジレンホール**の存在がほのめかされている。世間のリリック考察を信じるならば、ジェイクはテイラーのカントリーポップを「ダサい」と感じており、隠れて「クールなインディーミュージック」を聴いていたようだ。

2010年代半ば、作風をポップ寄りにしても復讐は健在だった。全米ナンバーワン・シングルを3つも輩出した大ヒットアルバム『1989』では、元恋人ハリー・スタイルズを名指しするような題名の「Style」で浮気を糾弾している（『ワン・ダイレクション』章参照）。

テイラー・スウィフトのリベンジソングは大きな話題になる。彼女が新曲を出すだけで大騒ぎなのに、曲中で「スター同士の恋の裏側」まで暗示されているのだから、メディアも大衆も夢中になってしまうのだ。テイラーの音楽の魅力はそれだけではない。リスナーは、音楽を通して庶民からはほど遠いスターのきらびやかな世界を垣間見ると同時に、テイラーの苦悩や怒り、恋心に共感してしまう。このマジックにこそ、シンガー・ソングライター、テイラー・スウィフトの強さがある。売上も歴代最大級、2019年には「アメリカでリリース初週50万枚以上売り上げたアルバムを6枚持つ唯一の女性

**ジェイク・ジレンホール**
1980年、カリフォルニア州ロサンゼルス生まれ。『シティ・スリッカーズ』（1991年）でスクリーンデビュー。『ブロークバック・マウンテン』（2005年）の演技でアカデミー助演男優賞にノミネートされるなど、実力派俳優として世界的に高い評価を得ている。テイラーの曲「All Too Well」（2012年）によると、彼がテイラーに贈ったマフラーは女優である姉マギー・ジレンホールの家に置いていかれた。

ミュージシャン」になった。

## 政治スタンスへの沈黙

テイラー・スウィフトの絶大な人気を支える層は一体どこなのだろう？　ここに、彼女の政治的スキャンダルの源がある。大衆にロマンスと失恋物語を授ける彼女は、2010年代にしては珍しく政治性が薄い女性スター歌手だったのだ。『レディー・ガガ』および『ドナルド・トランプ』章でさんざん紹介しているが、2010年代アメリカの人気ポップスターは民主党支持のリベラルばかり。ファンベースの政治観調査においても彼女たちの支持基盤は民主党に偏っている。しかしながら、テイラーだけは異なっていた。『ビヨンセ』章で引用した2018年のMorning Consultによる調査では『好感度が政治的に分断しているエンターテイナー』ランキングに載っていない（彼女と同じ人気メガ・ポップスターのビヨンセ、ケイティ・ペリー、レディー・ガガ、リアーナはトップ10圏内）。

2014年にMarketWatchが行ったFacebookの「ライク（いいね！）」にもとづく党派別好感度調査は信頼に欠けるかもしれないが、ビヨンセやガガがまたもや民主党サイドに寄るなか、彼女だけ「民主党員と共和党員の中間」に位置している。これらの情報から、テイラー・スウィフトは「政治的中立」ファンベースを確立した稀有な2010年代女性ポップスターということが推測できる。というか、アメリカでは、この「政治的中立」ファンベースをテイラー自らが意識的に形成したと勘ぐられていた。**ナイン・インチ・ネイルズ**のトレント・レズナーから「政治問題について滅多に語らない理由は、成功やブランド、ファン層を気にしているからだろう」と名指しで批判されたこともある。多くのポップスターたちが民主党支持を声高に叫ぶなか、テイラーは支持政党すら明かさなかった。とはいっても、フェミニズムやアーティストの権利については問題提起していたのだが……二大党派間で賛否が分かれる支持政党や人種問題、セクシャル・マイノリティのイシューについて大々的に語ってこなかった。こうした政治的な「沈黙」姿勢はカントリー界ではそう珍しくもないのだが、チャート上位を占めるポップジャンルにおいては悪目立ちした。その異色さは、2014年本格的にポップシーンへ活動の場を移行したことで際立っていき、彼女を荒波へと巻き込んでいく。

## ホワイト・フェミニスト

テイラー・スウィフトの「政治的沈黙」は、だんだんとポップスター間の争いを生み出

**ナイン・インチ・ネイルズ**
1988年、オハイオ州クリーヴランドを拠点に活動を開始。1989年にアルバム『Pretty Hate Machine』でデビュー。「インダストリアル・ロック」と呼ばれるノイジーで攻撃的なサウンドを持ち味としている。「ナイン・インチ・ネイルズ(NIN)」というバンド名を名乗っているものの、実際はトレント・レズナーによるソロプロジェクトである。略しやすく見栄えが良いとして決定されたバンド名は、映画『キャプテン・マーベル』(2019年)で主人公が着るTシャツにも見られるように1990年代アメリカを象徴する文化的アイコンとなっている。

**マイリー・サイラス**
1992年、テネシー州フラ

していった。2014年「Bad Blood」にてたくさんの女性セレブリティをキャスティングしてケイティ・ペリーを糾弾するようなミュージックビデオを制作した際「女性同士で連帯するフェミニズムを掲げながら集団イジメをするのか」などと反発を買い、ケイティ含むセレブといざこざを起こした。「(私のダンスは下手って言われてるけど)孫に乳首の映像を見られるより、ダンスを笑われたほうがマシ」と発言をしたこともあり、フェミニズム的思想から露出表現を行っていた**マイリー・サイラス**より「乳首を見せる私よりもミュージックビデオで銃を持って暴力的な復讐をするほうが〝良いお手本〟なわけ?」と暗に批判もされている。MTVビデオ・ミュージック・アワードのノミネートを巡り、黒人女性ラッパーの**ニッキー・ミナージュ**と人種問題でちょっとした喧嘩にもなった。

翌年「Wildest Dreams」のミュージックビデオを公開すると、アフリカで撮影しているにもかかわらず白人しか出演していないことについて植民地主義的だとの批判に曝された。このときは売れまくっていたこともあり、テイラーがなにかしらするだけでメディアに批判が出るような状況だった。モラルやフェミニズムを唱えながら元恋人や同性シンガーを糾弾する一方、人種問題などファンベースを失う可能性があるトピックは語ろうとしない……ポップスターとしては悪目立ちする「沈黙」の姿勢によって、人種



ンクリン生まれ。全世界トータルセールス2000万枚以上を誇るポップスターで、父親はカントリー歌手のビリー・レイ・サイラス。2013年のMTV Video Music Awardでは「かわいらしいアイドル」から脱却した裸体のようなパフォーマンスによって会場のウィル・スミス一家を唖然とさせたが、同じく観客席にいた元祖・裸体アイコンのリアーナは真顔だった。

**ニッキー・ミナージュ**
1982年、トリニダード・トバゴ共和国のポートオブスペイン生まれ。5歳のときに渡米し、アートスクールで舞台や音楽トレーニングを受けたのちに本格的に音楽活動をスタート。ラッパーとして絶大な支持を得ている。気が強くセクシーなキャラクターで知られるが、33歳のときに「これまで3人としか付き合ったことがない」と告白している。

問題に無頓着な「ホワイト・フェミニスト」というイメージが形成されていったのだった（余談だが、女性刑務所を描く2013年スタートのテレビドラマ『オレンジ・イズ・ニュー・ブラック』では、人種や格差の問題に無頓着だと反感を買う裕福な白人女性キャラが「テイラー・スウィフト」というあだ名をつけられる）。

## ナチスのバービー人形

ドナルド・トランプが大論争を呼んだ大統領選挙シーズン、テイラーの「沈黙」、裏返せば「政治的中立性」問題は大爆発してしまう。まず2015年、過激な言動で知られる社会学者**カミール・パーリア**が「テイラー・スウィフトはナチスのバービー人形」とのどぎつい表現で糾弾し、批判を呼んだ。この騒動にトランプ陣営選挙チーム責任者**スティーブン・バノン**が会長を務めていた右派メディアBreitbart Newsが乗っかり『テイラー・スウィフトはオルタナ右翼のポップアイコン』なる記事をリリースした。そこでは「商業事情でフェミニズムを唱えるテイラーは本当は保守的な共和党支持者」とする推測、および人種問題で批判されながらも沈黙を守る彼女がファシストたちのアイコンとなっている状況が解説されている。

**カミール・パーリア**
1947年、ニューヨーク州エンディコット生まれ。社会学者／批評家／作家。1984年よりペンシルベニア州の芸術大学で教鞭を執っており、1990年に発表した著書『性のペルソナ 古代エジプトから19世紀末までの芸術とデカダンス』で体制アカデミズムと既成のフェミニズムを痛烈に批判した。1990年代、フェミニズム界での批判も強かったマドンナを「真のフェミニスト」と激賞したことで有名。

白人至上主義やネオナチのコミュニティにおけるテイラー人気は、少なからず事実だった。彼女をナチス関連モチーフと合成した画像は2013年ごろから匿名掲示板などで観測されている。選挙レースが本格化した2016年にもなると、極右メディアが「アーリア人の女神テイラーは隠れネオナチのトランプ支持者」と語る記事を出した。注目に値することは、そのような状況になっても、テイラーが「沈黙」を貫いたことである（Tumblrにおいてファンの政治的ポストへのライクをつけていたりはしたそうだが、こうした行動は多くの人の目には入らない）。おもにリベラル層から「意見を表明するべき」と批判の声があがったが、投票期間すら「選挙に行こう」と呼びかけるにとどまっていた。このときのテイラーは、ラッパーのカニエ・ウェストとの抗争や映画俳優とのヤラセ交際疑惑により激しくバッシングされ、すっかりイメージを悪化させていた（『カニエ・ウェスト』および『ワン・ダイレクション』章参照）。

**スティーブン・バノン**
1953年、バージニア州ノーフォーク生まれ。右派メディア「Breitbart News」の共同設立者／元会長として知られる。2016年アメリカ合衆国大統領選挙では選挙対策本部長に任命され、トランプ政権の誕生に貢献した。トランプ政権の発足後、約半年間にわたって首席戦略官兼上級顧問を務めたのちにホワイトハウスを去る。かつてはハリウッドでプロデューサーとして活動し、政治的な映画も製作していた。

## 白人至上主義アイコン

2016年の大統領選挙が終わった翌年には「評判」と題したダークなポップアルバム『Reputation』にて憎悪や不信を爆発させている。「昔のテイラーは死んだ」「お前が私をこうさせた」と恨み節をぶつけるリードシングル「Look What You Made Me Do」

は、カニエや彼女を叩いた人々に向けられたと判断されたが、他方、独裁者のような格好をしていたことにより「ファシストであることのカミングアウト」と受け取る層も発生した。念押ししておくと、テイラー本人がそうした発言をしたことはない。

テイラー・スウィフトの「沈黙」が巻き起こした政治スキャンダルは、２０１０年代アメリカのセレブリティ文化や政治的混乱をみごとに反映している。政治的ステートメントを大々的に表明したことで賛否両論を巻き起こしたビヨンセはわかりやすい存在だろう（当該章参照）。反対に、テイラーはデリケートな政治問題について「沈黙」することで異色の存在となり、リベラルから怒声を浴びせられ過激な極右から称揚されるに至ったのだ。「アメリカン・スウィートハート」の偶像は、一部で「白人至上主義アイコン」の汚名に変わりつつあった。

ただし、ここで一旦思い出してほしい。テイラー・スウィフトは「復讐《リベンジ》」の名手だ。バッシングされることは何度もあったが、そのたびに復活し、音楽をヒットさせてきた。そんな彼女は、政治問題に関しても予想を超える規模でリベンジを果たしてしまう。

## 崩れた「最後の砦」

トランプ政権が始まって1年半経った頃、つまりは「国民の政権評価」ともいわれる中間選挙レースが盛り上がる2018年秋、テイラー・スウィフトはついに沈黙を破った。自身のInstagramにて民主党議員へ支持を表明したのだ。「これまで自らの政治的意見を公にすることをためらってきましたが、ここ数年の出来事により、考えを改めました」「私は、肌の色やジェンダーや愛する対象は関係なく、すべてのアメリカ人の尊厳のために闘う候補にしか投票できません」同声明では、アメリカのセクシャルマイノリティ差別や有色人種差別への反対、および故郷テネシー州の共和党候補への批判が記されていた。無論、爆弾級の話題を呼び起こした。レディー・ガガやビヨンセの支持表明とはわけが違う。大統領選挙でさんざん叩かれたテイラーは、民主党支持に染まるスター界の「最後の砦」だったのだから。

もちろん、民主党員界隈は歓迎の熱気で迎え、共和党およびトランプ支持層は反発した。「テイラーのファンは（投票権を持たない）少女たちだから選挙に影響はない」とツイートする元共和党議員まで現れている。しかし、この議員の予想が的外れだったことが発覚するまで一カ月もかからなかった。テイラーは、支持表明以上のものを仕込んでいたのだ。当該ポストの最後には、にこやかな絵文字とともにこんな文章が挿入されている。

「この2年で、聡明で思慮深く冷静なたくさんの人々が18歳になり、投票の権利を持ちました。だけど、(投票するには) まず簡単な登録が必要。テネシー州の有権者登録は10月9日に終了する。vote.orgに行ってインフォメーションを見て。幸せな投票を!」

彼女の言うとおり、アメリカの選挙で国民が投票する場合、まず選挙人名簿への登録が必要となる。テイラーは1億以上のInstagramフォロワーに向けてウェブでの有権者登録を呼びかけたのだ。インパクトは絶大だった。テイラーが有権者登録推奨を表明した48時間後、紹介された非営利団体vote.orgの登録は16万人を超えた。大統領選挙があった2016年10月の1日あたりの新規登録数が約1万3千人程度であったことを考えれば、驚異的な数字である。さらに、16万人の半数以上が投票率の低い18歳から29歳の若年層だった。テイラーの呼びかけは、セレブリティによる政治活動に新たな風を吹かせることとなる。

## You Need To Calm Down

それまで、アメリカにおけるセレブたちの言動は選挙にほとんど影響をもたらさないと研究されていた。しかしながら、ソーシャルメディアが普及した今、セレブリティたちには「政治に関心が薄い若年層」を有権者登録させるパワーがある。これが、テイラーの「沈黙」破りによって知らしめられたインフルエンスだ。民主党支持が多い若者の投票率が増えていけば、アメリカの選挙は潮流が変わると目されている。この波にほかのスターたちも乗った。２０１９年には、アリアナ・グランデとビリー・アイリッシュがコンサート・ツアーに有権者登録ブースを設置している。社会全体で若年層の投票率が上昇していた背景もあり、ミュージシャンと提携するＮＰＯ団体HeadCountは同年「設立以来最高の有権者登録者数」を達成した。

「沈黙」のイメージを刷新したテイラー・スウィフトは、２０１９年、アルバム『Lover』を発表する。ここでは、前作のダークな憎悪どころか、代名詞であった過激な「復讐」も影を潜めたように見えた。かわりに、ポジティブでポリティカルなアルバムだった。たとえば、「You Need To Calm Down」ミュージックビデオは、セクシャル・マイノリティのセレブリティを集めてカラフルなパーティーに興じる内容である。陽的ムードに満ちたこの映像には、ひとつだけネガティブな要素がある。テイラーたちのお祭りに抗議するアンチ同性愛の人々がかなり醜く描かれているのだ。本人によると、これは彼女のコンサート前で抗議する宗教的グループを指しているようだ（おそらく『ジャスティン・ビーバー』章で紹介するキリスト教福音派も入る）。曲中、彼女はこう突きつける。

「落ち着いたら？／大騒ぎしすぎ」
「このへんでやめたらどう？／私たちのガウンの裾を踏まないでくれる？」

要するに、レインボーに染まる「You Need To Calm Down」にしても、実質的にはパーソナルな「復讐」の要素があったわけだ。この作品がMTV VMAで最優秀ビデオ賞に輝いた際、テイラーはセクシャル・マイノリティの人々を壇上に上げ、トランプ政権を非難するスピーチを行っている。保守的存在とされた「アメリカン・スウィートハート」は、さまざまな騒動を経てすっかり「民主党派ポップスター」と化したのである。その光景が、彼女を「白人至上主義の女神」と呼んだ人々に対する最上のリベンジになったことは言うまでもない。

## テイラーとカニエの10年戦争

『テイラー・スウィフト』章と『カニエ・ウェスト』章の両方で紹介した、10年に及ぶ闘争。2010年代アメリカのポップカルチャーを代表する、音楽スター2人の複雑なビーフをざっくり振り返ろう。

2009年：MTV VMAアワードにてテイラーの受賞スピーチにカニエが乱入、のちにカニエは謝罪。テイラーもそれを受け入れた

2010年：MTV VMAアワードにてテイラーがカニエに宛てた新曲「Innocent」を披露。「32歳でしょ」と諭すような歌詞だった。これを受けてか、カニエは謝罪を撤回

2015年：MTV VMAアワードにて大々的な電撃和解。ヴァンガード部門を受賞したカニエのプレゼンターとしてテイラーがスピーチを行い熱い抱擁を交わす

2016年2月：カニエが「テイラーとセックスするかも／俺があのビッチを有名にしてやった」とラップする新曲「Famous」を公開。カニエは

「テイラーも歌詞を承諾した」と主張するも、テイラーの広報がそれを否定。
後日、テイラーはグラミー賞受賞スピーチにて女性の成功を横取りしようとする男性を批判
2016年6月：テイラーやカニエ夫妻の蝋人形が全裸で横たわる「Famous」のミュージックビデオがインターネットに投下されて顰蹙《ひんしゅく》を買う
2016年7月：カニエの妻キム・カーダシアンがテイラーと電話するカニエの映像を公開。そこでテイラーは「セックスもするかも」の部分を知らされており「グラミー賞で〝私はあの歌詞について電話をもらった〟と言ってみんなを驚かす」と語っている。この動画を受けたテイラーは「ビッチ」については了承していないと反論

こうして、テイラー・スウィフトは「嘘つき」だとして大バッシングを浴びる羽目になった。本人の反論が有効だったとも言い難い。多くの人々が問題視したのは「ビッチ」よりも「セックスするかも」の箇所だったため、そこが了承されていたように聞こえるインパクトは大きかった。カニエ・ウェストはスピーチ乱入事件によって2000年代最もバッシングされたセレブリティの一

人となったが、その被害者テイラーにしても「Famous」事件によって２０１０年代最も叩かれたセレブの一員となってしまった。ただし、２０２０年３月にリークされた長編の通話映像を見ると、キムがかなり編集した動画をアップしていたことがわかる。そのため「２０１６年当時のテイラーの反論は筋が通っていた」と考えを改めた人も多数出現した。

２０１６年の「Famous」事件で傷を負ったテイラーは、２０１７年に闇落ちしたかのようなアルバム『Reputation』をリリースしたのち、２０１９年リリースのアルバム『Lover』にて融和を重んじる方向性にシフトした。しかし、ウェスト夫妻に対する怒りは収まっていないようだ。同年、彼の元マネージャー、スクーター・ブラウンの行いを糾弾したTumblrポストにおいて、キムの電話録音リークは違法、「Famous」ミュージックビデオはリベンジポルノだと断言している。かつて20歳になったばかりだったテイラー・スウィフトは、カニエについてこう歌った。「32歳でしょ／まだまだ成長途上／あなたが誰なのか／過去の行動では決まらない」２０１０年代とともに20代を終えた彼女自身も、32歳になるまで闘いつづけるかもしれない。

# BTS

身近なポップスター

# BTS

## ポップシーンの王族たち

アメリカのポップスターといえば？ リッチでバブリー、きらびやかでセクシー、そのパーフェクトさといったらまるでバービー（またはケン）人形。体重が増加して完全美が崩れようものなら、ゴシップメディアから大バッシングを受ける……ここまでがひとつの方程式だ。1980年代にマドンナとマイケル・ジャクソンが打ち立てたとされるリッチな「ポップスター像」は、2000年代、ブリトニー・スピアーズらの台頭でより強固になったといえるだろう。2010年に大ヒットアルバム『Teenage Dream』にてピンナップガールのような姿を見せたケイティ・ペリーだってこの型にあてはまる。レディー・ガガはちょっと違う存在だったものの、彼女の出現によって演劇的でド派手なヴィジュアルが大流行し、ポップスターたちの見た目はより豪華絢爛になったともいえる。2000年代末期から2010年代初頭は、マイリー・サイラスもリアーナも人気ラッパーのニッキー・ミナージュも、カトゥーンキャラクターのようなエッジィでド派手な衣装に身を包んでいた。

『レディー・ガガ』章で紹介したように、彼女がシーンをひっぱった時代は、世間が

「多様性」に熱狂していたオバマ政権第1期（2009年〜2013年）と重なっている。では、同政権の2期目はどうだったか。始まりの2013年、Billboardチャートには未成年の主張が鳴り響いた。まだ10代の異国の少女が「リッチでバブリーなスター像」を否定し、全米首位に輝いたのである。

「本物のダイヤモンドなんて見たことない／結婚指輪を知ったのは映画のなか
自分の住所も誇れない／すたれた街の郵便番号なんて誰も羨ましがらない
だけど流行ってる歌は／金歯とか ／高級ウォッカとか
お風呂場でのトリップとか
血痕とか／立派なドレスとか／散らかったホテルルームとか
私たちがどうでもいいことばっかり／私たちがキャデラックに乗るのは夢のなか
それなのに／みんなが夢中なのは／クリスタルとか／マイバッハとか
腕時計のダイヤモンドとか
自家用飛行機とか／島とか／ゴールド首輪つきの虎とか
私たちがどうでもいいことばっかり
私たちはみんなが夢中なものに踊らされたりしない
私たちは永遠にロイヤルにはなれない／そんな血は流れてない

ああいう贅沢品は私たちのためにあるわけじゃない
私たちはもっと違うものを求めてる」
（ロード「Royals」）

この曲は、2013年後半にHOT100首位を獲得した、ニュージーランドのシンガー・ソングライター、**ロード**によるデビューシングル「Royals」だ。当時彼女はまだ16歳だったため「天才少女」として世間を騒がせることになるのだが、年齢以上にインパクトがあったのは歌詞の内容だろう。タイトルの「Royals」は「王族たち」、豪華絢爛なライフスタイルを楽曲にする音楽スターたちを指す。たとえば曲中の「金歯（gold teeth）」は、歯につけるアクセサリー＝グリルのこと。元々ヒップホップ界で普及したアイテムだったが、2010年代前半にはケイティ・ペリーやマドンナらポップシンガーもこぞって装着するほどセレブ界で流行していた。値段はピンキリだが、スターがつけるものはダイヤモンドつきのものが多い。ロードは、宝石や札束が舞うロイヤルな流行歌の世界など庶民リスナーには無縁だ、と指摘したのである。

豪華絢爛な流行に踊らされない、そうしたオルタナティブな態度をとる音楽は別に珍しくない。ただし「Royals」の大ヒットは、結果的に時代の転換点を示すランドマーク

**ロード**
1996年、ニュージーランドのオークランド生まれ。2012年にEP『The Love Club EP』をSoundCloudで無料公開。同EPはまたたくまに話題を集め、世界的な知名度を獲得する。2013年にリリースされたアルバム『Pure Heroine』は各方面で絶賛された。このアルバムの発売時、彼女は16歳という若さであった。クールでオルタナティブなイメージで知られるが、テイラー・スウィフトと手づくりクッキーを焼くなど、ほんわかするエピソードも多々ある。

となった。この曲が全米首位を獲得した２０１３年は、アメリカの大衆文化が大きな変化の節目にあったためだ。

## Let It Go

「いつもいい子でいないといけない／秘密にして／感情的にならないで
それをみんなに明かしちゃ駄目
でも 今はもう／みんな知ってる
ありのままで／ありのままで／もう元には戻れない！」
（イディナ・メンゼル「Let It Go」）

そう叫んだ雪の女王エルサは、それまで自分を縛っていた王冠をはずす。２０１３年、映画『アナと雪の女王』は新世代のディズニー・プリンセス作品として大喝采を浴びた。テーマソング「Let It Go」は、自身の能力をおさえつづけてきたエルサが抑圧から抜け出し自由を手にするアンセムとして大ヒットした。

王冠を放り投げたエルサが美しいドレスをこさえた一方、現実のポップスターの何人かは、仮装のような衣装を脱いでTシャツに袖を通しはじめた。2016年にもなると、ガガもマイリーもナチュラルな普段着風ルックにスタイルを一新し「ありのまま」な新作をリリースするようになる。なにも、アメリカ市場を中心に活躍する音楽スターたちがラグジュアリーを捨てたわけではない。むしろ、ラップ人気の拡大によって「成り上がり」や豪遊を誇示する楽曲がチャートヒットの常連になっていった。しかし、ロードの「Royals」を皮切りとして、アメリカで人気を博すポップスターのイメージは、明らかになにかが変わっていった。

## 「私たちはみんなスター」

2010年代、若者のあいだで爆発的に普及したものとはなんだろうか。スマートフォンとソーシャルメディアだ。この神器は、ポピュラーミュージックやスター像にも変化をもたらした。TwitterやInstagramなどの人気ソーシャルメディアには、これまでマスメディアで報じられてこなかったような一般市民たちのさまざまな想いが流通していた。ゆえに、人それぞれの個性を尊重する「ありのままに」なアイデンティティ政治が流行することとなる。

マーケティング的にも「共感」がキーワードになった。それと同時に、YouTubeやSondCloudなど、インターネットの世界で人気者になった一般人がスターになるパターンも増えていく。ソーシャルメディアを通したセレブリティとファンの交流も珍しくなくなった。要するに、スターと一般人の距離がだいぶちぢまったのだ。

そうなると、どんなスターの需要が上がるだろう? ソーシャルメディアで支持を集めやすい、「共感」できる身近な存在だ。たとえば2017年、YouTubeから人気を博したカナダ出身の若き歌手アレッシア・カーラは「ありのままで」なアンセムでHOT100トップ10に入った。

「傷ついてるすべての女の子たち/私があなたたちの鏡になるよ」
「あなたに知ってほしい/そのままで美しいって
なんにも変える必要なんかない/変わらなくちゃいけないのは世界のほう
あなたの美しさを傷つけないで/私たちはスター/私たちはみんな美しい」
(アレッシア・カーラ「Scars To Your Beautiful」)

ミュージックビデオには、普段着然としたアレッシアに加えて、さまざまな容姿の一般人が登場する。この曲のリリックで重要なのは、スターであるアレッシアが「私たちはみんなスター」と歌うところだろう。2000年代にメジャーだった、それこそロイヤルな「パーフェクトなポップスター」像は、さまざまな個性を肯定し尊重する「ありのままに」時代には不釣り合いだ。「みんながみんなスター」とイクオリティを提唱するならば、ロードやアレッシアのように、共感しやすく身近なイメージのほうが良い。この新たな世代を代表するポップスターとして、**ホールジー**の存在がある。

「私たちこそ新たなアメリカ人
合法マリファナでハイになって／ビギーとニルヴァーナで育った
私たちこそ新たなアメリカ人
私たちは自分たちが誰だかよく知ってる」
（ホールジー「New Americana」）

1994年ニュージャージー州に生まれ2015年にデビューアルバム『Badlands』をリリースしたホールジー、本名アシュリー・ニコレット・フランジパーネは「ロード以降」のポップスターとして大きな注目を浴びた。音楽性はヒップホップやパンク、ダンスミュージックの影響も強いジャンルフルイドなポップ。ロウティーンの頃Tumblr

**ホールジー**
1994年、ニュージャージー州エジソン生まれ。2015年にリリースしたデビューアルバム『Badlands』が話題を呼び、楽曲「Closer」が大ヒット。2019年にはBTSの楽曲「Boy With Luv」にもゲスト参加している。フェミニストであり、LGBTQのコミュニティもサポートしている。レーベルと契約する前からTumblrなどのソーシャルメディアに自作のアートワークを投稿して多くのファンを抱えていた。大好きなハリー・スタイルズがテイラー・スウィフトと付き合った2013年ごろ、ファンとして交際に反対する「The Haylor Song」をアップしてちょっとした話題になったこともある。

***ミレニアル世代**
おもに1980年代序盤から1990年代中盤に生まれた世代を指す。元々はジェネレーションYとも呼ばれる。ビ

やYouTubeに作品を投稿して話題となり、メジャーデビュー前から広大なオンライン・ファンダムを確立していたソーシャルメディア世代だ。

ベリーショートや水色のヘアスタイル、ストリートファッション的な舞台衣装をトレードマークとしていた彼女は、キャリア初期よりバイセクシャルであることを明かしており、同性間の性愛を描くパフォーマンスやマイノリティ差別に抗う政治的な発言も多い。言い換えれば、多数派からはずれようと「私らしさ」を誇り、社会正義運動に熱を燃やし、ソーシャルメディアを駆使しながら同世代やマイノリティの声を代弁する……当時アメリカで「共感を重んじる新世代」と喧伝されていた、*****ミレニアル世代**の特徴を兼ね備えていたのである。

ホールジーは、共感を呼ぶ身近さ、ファンとの距離の近さを大きな武器にしていた。ファンとさかんに交流し、時には喧嘩もしながら「世代の声」を代弁してスターダムへ駆けのぼった彼女は、ポップスターとして順調にキャリアを構築した。**ザ・チェインスモーカーズ**の大ヒット曲「Closer」に客演してその名を知らしめ、2019年にはソロアクトとしてHOT100首位を獲得するに至る。宣言どおり「ニュー・アメリカーナ」なスターとなったのだ。

リー・アイリッシュなどZ世代のひとつ上の世代。

**ザ・チェインスモーカーズ**
2012年、ニューヨークで結成されたDJチーム。現在のメンバーはドリュー・タガート、アレックス・ポール、マット・マグワイアの3名。2016年、ホールジーをフィーチャーした楽曲「Closer」で全米チャート12週連続1位を獲得した。Forbesによると、2019年、彼らは世界で最も稼いでいるDJユニットである。売れ始めの頃、メンバーのアレックスがレディー・ガガの新曲「Perfect Illusion」を酷評して一騒動起こしたが、その後、次なるシングルをリリースしたガガが「チェインスモーカーズの子たちもこれなら気に入るはず！」とツイートする余裕を見せたことで決着した。

## Love Myself

そんなホールジーが支持した「新世代ポップスター」に、韓国出身のボーイグループBTSの存在がある。2013年、防弾少年団としてデビューした彼らは、2017年ごろには「アジア系不毛の地」とされてきたアメリカのショービズにおいても名声を轟かした。2018年には、アジア圏出身アーティストとして史上初のHOT200首位を獲得。翌年はホールジーとのコラボレーション「Boys with Luv」によってHOT100のトップ10にすべり込んだ。

BTSの台頭は、さまざまな面でアメリカン・ポップカルチャーの新時代を語っている。まず非英語コンテンツの受容。定額制ストリーミングサービスが普及するにつれ、アメリカの英語ネイティブたちは非英語コンテンツに触れるようになったとされる。『近藤麻理恵』章にあるように、日本語もその例外ではない。2020年には韓国映画『パラサイト半地下の家族』が外国語映画として初のアカデミー賞作品賞に輝いたことで決定的になった潮流だろう。

「誰かを愛するよりも難しいこと／きっとそれは／自分を愛することだ」
「もう自分自身を許そう／捨ててしまうには俺たちの人生は長い」
（BTS「Answer: Love Myself」）

「俺は俺を愛してる／俺はファンを愛してる」
（BTS「IDOL」）

BTSの北米における成功要因として挙げられるものが、巨大で強固なオンライン・ファンダム、そして「若者に寄り添う作風」である。Voxによると、「若者に向けられる抑圧や偏見の阻止」を志すこのグループとチームは「スタジオ文化で整頓されたパーフェクトなアイドル」を目指さなかった。むしろ誠実さやリアルネスを志し、メンタルヘルス問題など、メンバーのみならず若年層の多くが抱える悩みを作品で表現していったのである。つまりBTSは、ホールジーやビリー・アイリッシュ（当該章参照）と同じように、カリスマ性を持ちながら若者たちから共感を集める身近な存在だったといえる。彼らの発足会議において発せられた言葉は、グループの成功要因のみならず、2010年代のポップスター像を如実に表しているといえよう。

「今日の若者が求めるヒーローとはなんでしょう？　それは、独善的に上から説教する者ではないでしょう。むしろ、今必要とされている存在は、言葉もないまま人々に肩を貸せることができる英雄です」

ロードの「Royals」から5年が経ち、アメリカのポップシーンは大きく変わった。パーフェクト然としたスーパースターは鳴りを潜め、共感を集めて強固なファンダムを築く「身近なポップスター」が新たなスタンダードとなった。つまり、言葉なきまま肩を貸せる、そんなヒーローたちこそが新たなロイヤルズとなったのだ。

# キム・カーダシアン

「有名なことで有名」なインフルエンサー

# Kim Kardashian

## Famous for being famous

キム・カーダシアンが有名になったとき、そのパブリックイメージは「低俗な恥知らず」だった。1980年ロサンゼルスの裕福な家庭に生まれた彼女は**パリス・ヒルトン**のアシスタントとしてマスメディアに登場したのち、2007年に歌手**レイ・ジェイ**とのセックステープ流出によって一気に知名度を向上させた。その半年後、母**クリス**がプロデュースするリアリティ番組『カーダシアン家のお騒がせセレブライフ』の放送が開始される。あまりのタイミングの良さに「番組宣伝のために母親が娘のセックス映像を流出させた」疑惑も噴出したくらいだ。

2000年代、カーダシアンズは「名声のためならどんなことでも利用する恥知らずの一家」として有名になったのだ。無論、たくさんの人が彼女たちを見下げて悪口を言った。ただ、当時のアメリカに彼女たちの10年後を予想できた者は誰一人としていなかったかもしれない。2010年代も終わる頃、この一家は史上最年少級ビリオネア起業家を輩出し、大統領を動かす存在になったのだから。

**パリス・ヒルトン**
1981年ニューヨーク州ニューヨーク生まれ。大手ホテルチェーン「ヒルトン・ホテルズ&リゾーツ」創設者コンラッド・ヒルトンのひ孫として非常に裕福な家庭に生まれた彼女は、10代の頃からモデルとして活動し、パーティー三昧の日々を過ごした。2003年に元恋人とのセックスビデオが流出したのち、同年にリアリティ番組『シンプル・ライフ』に出演して大きな知名度を獲得。自身がプロデュースしたドキュメンタリー『アメリカン・ミーム』(2018年)では、自分自身の存在をバーチャル空間に移すことで永遠の「インフルエンス」を得るべく実験を行った。

リアリティ番組『カーダシアン家のお騒がせセレブライフ』の主役は、クリスの娘の5人姉妹だ。彼女たちの生物学的な父親は異なっており、**コートニー**、キム、**クロエ**はカーダシアン姓、下2人の**ケンダル**と**カイリー**はジェンナー姓である。番組では、リッチでセクシーな彼女たちのとんでもない生活が映されていく。カーダシアン&ジェンナー家は、名声、目立つことが大好きなのだ。有名なエピソードとして、飲酒運転の罰として命じられた清掃活動を行わなかった次女クロエが刑務所に向かう回がある。母子を乗せた車内には緊張が走るわけだが、ナルシストのキムは延々美しい自分の顔を携帯で撮りつづけている。そこで母が一喝。「キム、自分の写真を撮るのはやめてくれない!? あなたの妹は牢屋に向かってる最中なの!」いくらなんでもありえない無茶苦茶さだが、カーダシアンはこうした「軽薄な金持ち像」を売っていったのだ。話のオチとしては、キムに説教した母クリスは、クロエのマグショット（逮捕後に撮影される顔写真）を家に飾った。まさしく、目立つことが大好きな家族だ。

番組を主軸として、一家はゴシップメディアを騒がせつづけ、定期的に炎上することで話題をつくるサイクルを完成させた。予想外の人気を博した『カーダシアン家のお騒がせセレブライフ』はリアリティ番組の代名詞となり、姉妹それぞれの知名度もトップレベルとなる。しかしながら、いくら収入が増えようと世間の「低俗」イメージが変わった

**レイ・ジェイ**
1981年、ミシシッピ州マッコーム生まれ。幼少の頃よりテレビCMに出演しはじめ、1997年に歌手デビュー。2007年に「自分たちで鑑賞して楽しむため」に制作したというキム・カーダシアンとのホームメイド・ポルノビデオが流出して大いに話題を呼んだ。なおこのビデオは『Kim Kardashian, Superstar』というタイトルのポルノ作品としてVivid Entertainmentより正式にリリースされている。なお、ガールグループのフィフス・ハーモニーがリッチな女性であることを誇る2014年の楽曲「BO$$」では、キムをリファレンスするかたちで「彼氏はレイ・ジェイじゃなくてカニエがいい」と歌われてしまっている。

わけではない。キムを筆頭に、姉妹たちはこう呼ばれた。「有名なことで有名（Famous for being famous）」音楽や演技が得意なわけでもない、とにかく下世話な話題を量産して有名になった存在……そんなイメージが反映された侮蔑《ぶべつ》だ。

## セルフィーの女王

「有名なことで有名」なキム・カーダシアンはセルフィーが大好きだ。前述した刑務所行きの車のエピソードはもちろんとして、自撮りのしすぎで腕を痛めてドクターストップがかかり、セルフィー専用アシスタントを雇ったこともある。２０１４年には、アメリカ初とされるセルフィー写真集を出版した。その名も『Selfish（セルフィッシュ）』である。わがままで目立ちたがり屋でナルシストな彼女がセレブ界きっての「セルフィーの女王」になったことはあまりに自然だった。出版にあたり、彼女は以下のように語っている。

「興味深いものは写真の発達プロセス。デジタルカメラで自撮りを始めて、ブラックベリーにかわって、スマートフォンに行き着いた。これがセルフィーの進化。私はこの変換を上手く捉えたと思う」

**クリス・ジェンナー**
１９５５年、カリフォルニア州サンディエゴ生まれ。カーダシアン家全体のマネジャー的役割を務めている。最初の夫ロバート・カーダシアンとのあいだにコートニー、キム、クロエ、ロブという４人の子どもを儲け、２番目の夫ブルース・ジェンナー（現在はケイトリン・ジェンナーに改名済み）とのあいだにケンダルとカイリーという２人の子どもがいる。娘キムによると「母が望んだことはすべて実現してきた」とのこと。

**コートニー・カーダシアン**
１９７９年、カリフォルニア州ロサンゼルス生まれ。２００５年にリアリティ番組『Filthy Rich: Cattle Drive』に出演して知名度を上げ、２００７年に放送開始された『カーダシアン家のお騒がせセレブライフ』でブレイク。恋愛などの私生活を公にしなくなった２０１９年ごろ、「プライベートを番組でシェアすべき」と主自ら主張するとおり、キムはテクノロジーの変化に上手く乗って「セルフィー女王」ブランドを築いた。以降、この時代を読む才覚は、莫大な利益を生んでいくこととなる。

## 巨大なインフルエンサービジネス

２０１０年代、スターたちの収入源となったソーシャルメディアこそ、インフルエンサー・ビジネスの狩り場、Instagramである。企業に頼まれるかたちで商品を宣伝して報酬をもらうスポンサード投稿ビジネスは、アカウントを開設するだけで大量のフォロワーを獲得できるセレブたちにとって楽に稼げる仕事だった。ハリウッドのトップ俳優**ドウェイン・ジョンソン**やベテラン歌手**ジェニファー・ロペス**、スーパーモデルの**ナオミ・キャンベル**、サッカー選手**リオネル・メッシ**など、正真正銘のトップスターたちすらこの仕事に手を染めている。それでも、トップをひた走る存在はカーダシアン＆ジェンナー姉妹だ。

「セルフィー女王」キムと、ティーンのカリスマ的存在であった五女カイリーは、ソーシャルメディアにおいて２０１０年代を通して屈指のエンゲージメント率を保ちつづけている。強さの理由のひとつは、裕福でセクシーなカーダシアン家のような存在になり

張するクロエに反対して大喧嘩を繰り広げ、キムに解雇をちらつかされた。

**クロエ・カーダシアン**
１９８４年、カルフォルニア州ロサンゼルス生まれ。２００７年に飲酒運転で逮捕され、判決によって社会奉仕活動や禁酒教育プログラムへの参加を義務づけられたものの、これを行わなかったために禁固30日の刑を命じられた。しかし、刑務所が定員オーバーだったためわずか3時間で出所した。２０１９年には、娘の父親であるパートナーのＮＢＡ選手トリスタン・トンプソンが妹カイリーの親友ジョーディン・ウッズと不倫した疑惑が勃発して大騒動になった。疑惑を否定するジョーディーンをウィル・スミスの妻ジェイダが擁護したことから、カーダシアン家とスミス家という華麗なるセレブファミリー間に亀裂が走った。

たいファンが膨大にいること。加えて、彼女たちが「有名」なことにある。話題をつくりつづける姉妹たちのニュースは常時メディアのトップを飾るため、いつなんどきも注目度が高い。広告価値は莫大だ。２０１０年代半ばには、ビヨンセや**クリスティアーノ・ロナウド**など「一流スター」とされる人々も、Instagramマーケットではゴシップ女王カーダシアンに敵わないとされた。「有名なことで有名」という言葉は、２０１０年代の初頭には侮蔑として機能していた。しかしながら、ソーシャルメディアの普及とともに台頭したインフルエンサー・マーケティングでは「有名であること」がとてつもない商品価値にすげかわったのである。

## インフルエンサーのステルス・マーケティング

輝かしいインフルエンサー・マーケティングの虚構を知らしめたのもまたカーダシアンだ。きっかけのひとつに、２０１７年春に起こったFyreフェスティバル事件がある。これは「バハマで行われるラグジュアリー音楽フェスティバル」として喧伝されたイベントだったが、それらの宣伝は虚偽で、現場はそれはもう悲惨な状況だった。参加アクトとされたミュージシャンがいないどころか、更地に粗末なテントとロッカーが設置されているだけ。飛行機代込みで何十万円もの参加費を払ったリッチな若者の多くが寝る

**ケンダル・ジェンナー**
１９９５年、カルフォルニア州ロサンゼルス生まれ。10代の頃からモデルとして活動し注目を集める。執筆活動も行っており、２０１４年にはディストピア小説『Rebels: City of Indra』(妹のカイリーとの共著)を発表した。「裕福で有名な家庭に生まれたからこそトップモデルになれた」と揶揄されることも多く、２０１８年には「１シーズンで30個もショーに出るようなクソなモデルたちと違って、私は仕事を選んできた」旨の発言がメディアに載ったことで反感を買った。

**カイリー・ジェンナー**
１９９７年、カリフォルニア州ロサンゼルス生まれ。モデルとして知名度を獲得したのち、自身のコスメブランド「KYLIE COSMETICS」を立ち上げて大きな成功を収め、若き億万長者として知られている。人気ラッパーのトラヴィ

場所もないまま島に置き去りにされてしまったのである。

さて、参加者たちは何故このイベントに大金を支払ったのだろうか？　その背景にはインフルエンサー・マーケティングがある。Instagramで絶大な影響力を誇る人気モデルたちが一斉にこのフェスティバルを宣伝していたのだ。そのなかにはカーダシアン＆ジェンナー姉妹の四女ケンダルがいた。モデルとして活躍する彼女は、当時ChanelやFENDI等の一流ブランドの広告塔を務めていた。そんなトップモデルが「孤島に置き去りにされる高額イベント」をファンに売りつけるなど、誰が想像できるだろうか？Fyre運営はケンダルに約2500万円のスポンサード報酬を支払ったとされるが、彼女含むモデルのほとんどが投稿に広告表記をしないステルス・マーケティングを行っていた。そのため、彼女たちもフェスに来場すると勘違いした参加者も多かったはずだ。

この事件のあと、アメリカの連邦取引委員会はインフルエンサー・マーケティングの取り締まりを強化し、広告表記なしにスポンサード投稿を行っているセレブリティに警告状を送付していった。その筆頭はもちろんカーダシアン家だ。姉妹たちは急いで何十件ものステルス・マーケティング投稿を削除。評判を下げたInstagramはスポンサード記載機能を搭載することとなった。

ス・スコットとのあいだに娘を授かっているが、2019年には破局が報じられた。一家の稼ぎ頭のためか、キムと並ぶクリス・ジェンナーのお気に入りチルドレンらしい。

**ドウェイン・ジョンソン**　1972年、カリフォルニア州ヘイワード生まれ。プロレスラーとしてキャリアをスタートし「ザ・ロック」のリングネームで大きな知名度を獲得した。2000年代に入ってからは持ち前の筋骨隆々な肉体とカリスマ性を活かして俳優として活動を開始。『ワイルド・スピード』シリーズや『ジュマンジ』シリーズなど、多くの作品に出演している。映画に主演する際は「自身のソーシャルメディアにおける作品宣伝費」として出演料とは別に100万ドルを請求するなど、SNSを活用しながら「ハリウッドで最も稼ぐ映画俳優」にのぼりつめたビジネスマンである。

## 肥大しつづけるインフルエンサービジネス

ソーシャルメディアはセレブリティを身近な存在にした。2010年代アメリカで「身近なスター」像が人気になった要因もソーシャルメディアとされる（『BTS』章参照）。カーダシアン&ジェンナー姉妹の売りもここにある。彼女たちは生まれつきお金持ちな美人だが、美意識の高い人々が「真似できる」と思えるイメージも持ち合わせているのだ（余談だが、Instagramには「カーダシアンのそっくりさん」という一大ジャンルがあり、このコミュニティを代表する「超そっくりさん」も高額スポンサード報酬にありついている）。

カイリーは10代にして美容整形経験も告白している。キムは「ソーシャルメディアの投稿はすべて自分で行っている」と主張しており、ファンとの交流も欠かさない。そんな彼女たちが、ファンに嘘をつき大金を稼いでいたのだ。ケンダルの友人モデル、**ヘイリー・ビーバー**が笑いながらこんな話をしたこともある。「Instagramに好きなものを載せるとエージェントに怒られるの。〝スポンサード投稿が儲かるのになんで好きなものなんか載せるんだ！〟って」普及当初「セレブとファンを本心でつなぐ場所」ともてはや

**ジェニファー・ロペス**
1969年、ニューヨーク州ニューヨーク生まれ。プエルトリコ系アメリカ人の両親のもとに生まれ、『マイリトルガール きらめきの夏』（1986年）でスクリーンデビュー。1999年には歌手としての活動を開始し、女優／歌手として大成功を収めている。17歳年下のドレイクと恋の噂が立った2017年、ジャレン・ベントンが「Jealous of Drake」にて「ジェニファーとファックしたドレイクが羨ましい」とラップするなど、老若男女を魅了するセックスシンボルでありつづけている。

**ナオミ・キャンベル**
1970年、イングランドのロンドン生まれ。10代の頃にスカウトされてモデルとして活動をスタート。1988年に黒人モデルとして初めてフランス版VOGUEの表紙を飾り、話題を呼んだ。2007年、ハウスキーパーを暴行した罪で

されたソーシャルメディアは、すっかりビジネスの場と化していた。

「セレブの嘘」が露見したあともインフルエンサー・マーケティング市場は拡大していった。むしろこの詐欺イベントがマーケティング効果を知らしめる契機となったのだ。

事実、カーダシアン&ジェンナー姉妹の推定スポンサード報酬は2017年後も増加の一途をたどる。「Fyre騒動でまともな謝罪対応をせずバッシングされたケンダルは、同年「最も稼ぐモデル」に君臨し、翌年もナンバーワンを保ち25億円ほど稼いだ。キムとカイリーに至っては、2019年、一投稿の値段が1億円に到達している。Instagramには、インフルエンサーを夢見るユーザーがたくさん存在している。言い換えれば「有名なことで有名」になりたい人々の欲望が溢れている。

## 21歳の億万長者

インフルエンサー・マーケティングの価値と魅力、そして虚偽すらも象徴するカーダシアン&ジェンナー姉妹は、事業を興すことで同分野の開拓も達成している。まず、カイリーが2015年にコスメティック・ブランドKylie Beautyを発足。2年後キムもKKW BEAUTYを始めている。ビジネスとしてのポイントは、店頭販売も屋外広告も行

有罪判決を受け、社会奉仕活動を課せられた際、清掃現場にオートクチュールのドレスとピンヒールで出現してスーパーモデルっぷりを見せつけた。

**リオネル・メッシ** 1987年、アルゼンチンのサンタフェ州生まれ。幼少の頃からサッカーを始め、13歳のときにFCバルセロナに加入。活動の場をスペインに移し、プロのサッカー選手として才能を開花させた。圧倒的な実績と世界的な人気を誇っており、彼とクリスティアーノ・ロナウド、どちらを最高のサッカー選手とするかの議論は世界的に活発である。イギリスでは、環境保全団体が「どちらが世界最高か」と問いかける「メッシ灰皿」と「ロナウド灰皿」を設置。吸い殻で投票させることでタバコのポイ捨てを減らそうとした。

わなかったことにある。開始当初は通信販売のみ、プロモーションの場所は自身のソーシャルメディアだった。姉妹それぞれのInstagramには1億以上のフォロワーがついている。オリジナル化粧品はリリースとともに即完売した。この「有名であること」を存分に活かしたローコスト・ハイリターンなビジネスモデルは巨額の富を生み出した。KKW BEAUTY創業1年でキムの純資産は400億円に膨れ上がっている。カイリーに至っては、FacebookのCEO**マーク・ザッカーバーグ**の記録を破り「史上最年少の叩き上げビリオネア」レコードを樹立。「叩き上げ（Self-Made）」かどうかはともかく、1997年生まれのInstagramのカリスマは、そのインフルエンスを活用し、21歳にして1000億円を超える純資産を手にしたのだ。

カーダシアン&ジェンナー姉妹は「有名なことで有名」という侮蔑をビリオン級のビジネスモデルに錬金してみせた。知名度のみならず資産でもエンターテイメント界最高峰に立ってみせた彼女たちは、ソーシャルメディア上のインフルエンスが重要となった2010年代セレブリティ・カルチャーの象徴と言っていいだろう。

**クリスティアーノ・ロナウド**
1985年、ポルトガルのフンシャル生まれ。幼少の頃からサッカーを始め、18歳のときにマンチェスター・ユナイテッドと契約。同クラブ初のポルトガル人選手として活躍した。その後、レアル・マドリードを経て2020年現在はユヴェントスに所属。実績はもちろん人気も絶大で、Instagramのフォロワー数は2億人を超えている。2019年には、3400万ドル相当と推定されるユヴェントスFCでの年間報酬を超える額をInstagramで稼いだと報じられた。

**ヘイリー・ビーバー**
1996年、アリゾナ州ツーソン生まれ。かつてはヘイリー・ボールドウィンとして活動し、2018年にジャスティンと結婚。現在はビーバー姓を名乗っている。父親に俳優のスティーブン・ボールドウィン、叔父に俳優のアレック・ボールドウィンを持つ。実は幼い頃よ

## リアリティショーからホワイトハウスへ

リアリティショーとソーシャルメディア・ビジネスを制したキム・カーダシアンの次なる道はホワイトハウスだ。2018年、アメリカ社会を蝕むアフリカ系アメリカ人の大量投獄問題に関心を持った彼女は、自らのコネクションを用いてドナルド・トランプ大統領に直談判してみせた。プレジデントから恩赦を引き出したことで対象の囚人を減刑に導いたのちもホワイトハウスを訪問、大統領の横でスピーチまで行った。これ自体は真面目な社会活動だったわけだが、世間では称賛以外のリアクションも生まれた。10年ちょっと前は「セックステープで成り上がった恥知らず」だったリアリティショー・スターが、大統領を動かしホワイトハウスで演説するまでの存在になった。まるでタチの悪いコメディ……というわけだ。

実は、キムの夫、これまた話題つづきのお騒がせラッパー、カニエ・ウェストは、たびたび大統領選挙の出馬を表明している。カーダシアン一家がここまでの存在になったのならば、本当にキムとカニエがホワイトハウスにのぼりつめる日が来るかもしれない……馬鹿げた妄想と思うだろうか？　でも、政治経験なしで第45代アメリカ合衆国大統

りジャスティンのファンであった。これを受けて、ジャスティンは「ビリーバー（ジャスティン・ファンの総称）と結婚した」と宣言。

**マーク・ザッカーバーグ**
1984年、ニューヨーク州ホワイト・プレインズ生まれ。ハーバード大学在学中の2004年、寮のルームメイトとともに「Facebook」を立ち上げた。同サイトは急速に成長し、2012年には10億ユーザーを突破。2010年に公開された映画『ソーシャル・ネットワーク』にて「Facebook」立ち上げの顛末が描かれているが、ザッカーバーグ本人はこの映画の製作に携わっていない。ちなみに同映画でアーミー・ハーマーが一人二役で演じたウィンクルボス兄弟は後年、「Facebook」を訴訟して得た和解金によってビットコイン投資を行い、みごとビリオネアになった。

領となったドナルド・ジョン・トランプは、元々テレビ番組『アプレンティス』（2004〜2017年）で有名になったリアリティ番組スターだ。

# ジャスティン・ビーバー

## セレブリティとキリスト教

# Justin Bieber

## 15歳のスーパースター

1993年、17歳のカナダ人**パティ・マレット**は決断を迫られていた。性的虐待のトラウマに苦しんで、鬱を患い、アルコールやドラッグを乱用するなか、妊娠してしまったのだ。周囲からは人工中絶をすすめられたが、彼女は出産を決意する。過酷な環境で生まれた息子の泣き声を初めて聞いたとき、パティは雷に打たれたような衝撃を受ける。「おかしなことを言ってる自覚はあるんだけど……彼はまるで歌ってるようだった。歌ってたのよ」今では、彼女の感性を揶揄する人はいないだろう。その赤ん坊は奇跡の子だった。こうして、のちにたった15歳で世界を虜にしてしまうポップスター、ジャスティン・ビーバーが誕生した。

ジャスティンが生後10カ月の頃離婚したパティは、シングルマザーとして、人口たった3200人の町の低所得者用住宅で懸命に息子を育てていった。彼女いわく「神様が力をくれた」愛《まな》息子《むすこ》はすぐに音楽の才能を発揮するようになる。町の人々は彼を支援し、教会コミュニティに至っては募金イベントまで催してドラム購入費用を贈ったという。〝神童〟ジャスティンは、12歳になると町中で歌いはじめ、3000ドル近く稼いで

**パティ・マレット**
1975年、カナダのオンタリオ州生まれ。幼少の頃に歌と演技に興味を持ち舞台に立つようになるが、幼いときから受けつづけた性的虐待のトラウマに苦しみ、10代でドラッグに依存するようになる。ジェレミー・ビーバーとのあいだに息子ジャスティンを授かったが、ジャスティンが幼い頃に2人は別れている。2012年に自伝「Nowhere but Up: The Story of Justin Bieber's Mom」を出版した。

みせた。

母親がYouTubeにアップしたジャスティンのビデオを発見したのが、アメリカのヒップホップ・マーケター、**スクーター・ブラウン**だ。少年の歌声に惚れ込んだこの男は、あの手この手で連絡先を調べ上げ、懸命に母親を説得してみせた。そこからは一瞬だった。アメリカへ渡ったジャスティンは、スクーターのレーベルと契約。ソーシャルメディアの力もはたらき、デビューからたった1年半で大型スタジアムのチケットを完売させ、アメリカ合衆国大統領の前で歌唱するまでのスターになっていた。このときジャスティンは15歳。Billboard HOT200ナンバーワンも獲得し、滞在ホテルの前に女子の大群を発生させるほどのムーブメントを生み出していた。

## ジャスティンをアメリカから追放せよ

デビューしたてのジャスティンは「いい子」風なキリスト教徒だった。2010年のコンサートを追うドキュメンタリー映画『ジャスティン・ビーバー　ネヴァー・セイ・ネヴァー』では、友人と昼食の前にきちんとお祈りして神に感謝を述べているし、映画興行ではキリスト教徒向けマーケティングも行っている。しかしながら、10代の終わり

**スクーター・ブラウン**
1981年、ニューヨーク州ニューヨーク生まれ。大学在学中にパーティーのオーガナイザーとしてキャリアをスタート。2007年にはエンターテインメント／マネージメント会社「SB Projects」を設立している。2019年にはテイラー・スウィフトから集団イジメの加害者として糾弾されたものの、自身がマネジメントするジャスティンやデミ・ロバートからは擁護され、北米の音楽界を二分する抗争の中心点となった。

にさしかかる頃には、音楽界を代表する「バッドボーイ」な問題児になり、とにもかくにも非行を繰り返した。ナイトクラブで掃除用のバケツに放尿し、壁に飾られたビル・クリントンの写真にスプレーで落書きする映像が流出した際には、元大統領その人に謝罪の電話をかけるまでの騒動に至っている。ペットの猿をドイツの税関で取り上げられ、そのまま放置したエピソードも顰蹙《ひんしゅく》を買う。夜遊びも盛んになり、ストリップクラブでは札束をばらまいたし、ブラジルの売春宿から帰る場面を撮られたりもした。2014年には、免許切れの身でランボルギーニに乗って爆走レースを行い、ついにアメリカで逮捕された。この際、アルコールのほか、大麻と処方薬を摂取していたことが明らかになっている。

マネージャーとなったスクーター・ブラウンは、非行に走るジャスティンが「いつか死ぬのではないか」とひどく心配していた。それもそのはずだ。彼が15歳の頃から行っている大規模コンサート・ツアーはベテランでも相当にキツい。パパラッチや一部の熱狂的なファンはいつなんどきも彼を追い回した。さらにいえば、10代の頃のジャスティンは北米でひどく嫌われ、軽んじられていた。比較的細身でかわいらしい顔立ちの彼は女の子たちの憧れになった反面、キャリア初期より「生意気で滑稽な子ども」として大々的なバッシングに曝されていたのである。初期のヒット曲「Baby」(2009年)

のミュージックビデオは数年間「YouTubeで最も低評価されたコンテンツ」記録を独占した。人種差別的なジョークソングを歌うロウティーン時代の動画が流出したことも影響したのだろう。「ジャスティンをアメリカから追放しカナダに強制送還せよ」と請願するオンライン署名は1週間たらずで10万人超え。2012年にはジャスティンを殺害し睾丸を切り落とす犯罪計画を立てた男が逮捕されている。

マイアミで逮捕された2014年、ジャスティンは心身ともにボロボロだった。アルコールと抗うつ剤を過剰摂取していたため、就寝時はボディーガードが息をしているか確認しにくる生活だったという。数多の女性と性的関係を持ったが、同時に「女性を大切にせよ」という母の教えを守らぬ自分を恥じつづけた。罪悪感も働き、母親とは疎遠になっていた。ある日、ジャスティンは鏡に映る自分を見て泣きはじめた。そして、その場にいた旧知の牧師に跪《ひざまず》き、涙ながらに懇願する。「イエス・キリストについて学びたいです」そのまま牧師とともに祈ったジャスティンは唐突に福音を授かる。「僕に洗礼を受けさせてください！」彼を救ったのは信仰だった。

## 「バッドボーイ」から「敬虔なクリスチャン」へ

福音を授かったジャスティン・ビーバーは再起をはかる。それを支えたのは、彼に洗礼を授けたキリスト教プロテスタント、ヒルソング教会の牧師**カール・レンツ**である。牧師は、妻子のいる自宅にジャスティンを招き入れ、1カ月半の共同生活を送った。荒廃したライフスタイルから抜け出したジャスティンは、牧師のもとで熱心に聖書を熟読し、専門家の助けなしに薬物依存から抜け出したうえ、なんと禁欲まで誓う。彼のソーシャルメディアには聖書の言葉が増えていった。変化は大衆の目にも明らかだった。

2015年にリリースした「子ども向けポップスター」からの脱却を志した4thアルバム『Purpose』は大ヒットを記録。同年、MTV VMAで披露した「復活パフォーマンス」では感極まって涙し、万雷の拍手に迎え入れられる。禁欲生活から1年経った頃には、教会にてモデルの元恋人ヘイリー・ボールドウィンと再会し復縁。婚前交渉はせず、2018年に結婚を果たしている。当時、休養していたジャスティンは、新曲を求めるファンに向けて、以下のように説いた。「今は、理想の父親になれるように、自分自身の根深い問題の修復にフォーカスしてるんだ。僕にとって音楽はすごく大切だけど、

**カール・レンツ**
1978年、バージニア州バージニア・ビーチ生まれ。2010年にヒルソング協会NYCを共同設立。ジャスティンをはじめ、名だたるセレブリティと交流する様子をInstagramにアップすることで高い知名度を獲得している。タトゥーやハイブランドのレザージャケットなど、ロックスターのようなセンスの持ち主で、Louis VutitonとSupremeのド派手コラボアイテムもいち早く着用した。

**エマ・ポートナー**
1994年、カナダのオンタリオ州生まれ。幼少のときよりダンスを始め、16歳の時に渡米。ジャスティンのワールドツアーにダンサーとして参加し、2015年には「Life is Worth Living」のミュージックビデオで主演を務めている。

家族と健康にまさるものはない」世間を騒がせた「バッドボーイ」は、一夫一妻制の美徳を象徴する「敬虔なクリスチャン」に様変わりした。

## ヒルソング教会

ジャスティンとヒルソング教会カール牧師の物語は、まさしく美談だ。ひどく困難な状況に陥った青年が信仰心によって立派に立ち直ったのである。復活アルバム『Purpose』が出る頃には、彼を蔑視し叩く向きは大分収まっていた。約10年トップを走りつづけたジャスティン・ビーバーは、名実ともにトップスターとなったのである。しかしながら、2019年には別方向の批判が生じた。ジャスティンの元振付師でありダンサーの**エマ・ポートナー**が「正当な報酬が払われなかった」と声をあげたのだ。この告発では、彼を救済した信仰についても触れられていた。カール牧師が属するヒルソング教会が「ひどく問題がある人々」と糾弾されているのだ。

実は、少し前にも似たような問題が起こっていた。ジャスティンと同じくヒルソング教会に熱心に通う映画スター、**クリス・プラット**も女優**エレン・ペイジ**から辛辣に非難され、ちょっとした言い合いを繰り広げていたのだ。一体、何故だろう？　北米のセレ

**クリス・プラット**
1979年、ミネソタ州バージニア生まれ。ハワイのレストランで働いていたところをスカウトされて映画デビュー。その後、マーベル映画『ガーディアンズ・オブ・ギャラクシー』（2014年）で主人公スター・ロードを演じ、一躍国際的なスターにのぼりつめた。元々は愛嬌のあるふくよかなお笑いキャラとして活躍していた。彼によると刺身はおやつ。なかでも添え物の海藻がお気に入りらしい。

**エレン・ペイジ**
1987年、カナダのノバスコシア州生まれ。テレビ映画『Pit Pony』（1997年）で女優デビュー。映画『JUNO／ジュノ』（2007年）で思いがけず妊娠してしまうティーンエイジャーを演じて高い評価を獲得し、アカデミー主演女優賞にノミネートされた。2014年に同性愛者であることをカミングアウトしている。

ブリティ界において、クリスチャンは珍しくない。むしろマジョリティだ。ただし、キリスト教といってもさまざまな派閥がある。ヒルソング教会の場合、メジャーなメディアでペンテコステ派、または福音派プロテスタントに分類されている。

## ハリウッドのセレブと福音派

福音派プロテスタントはアメリカ最大級の宗教派閥だ。信仰を自認するアメリカ人は人口の4分の1ほどとされ、その規模ゆえに政治的にも重要な存在となっている。定義はさまざまだが、一般的には「聖書に深い敬意を払う信徒」とされ、キリスト教保守に位置づけられやすい。アメリカにおいては「反人口中絶」「反同性愛」を支持する傾向にある。実のところ、ジャスティンとクリス・プラットのヒルソング通いを批判したエマ・ポートナーとエレン・ペイジは婚姻関係にある。女性同士で結婚したセクシャルマイノリティなのだ。ゆえに、2人は「アンチゲイの福音派教会を批判なしに宣伝する異性愛者のスター」を糾弾したかたちとなる。

2010年代、ヒルソング教会は若年セレブリティ間で大人気になった。支持者はジャスティンやクリスだけではない。歌手**セレーナ・ゴメス**や**ニック・ジョナス**、バスケッ

**セレーナ・ゴメス**
1992年、テキサス州グランドプレーリー生まれ。ディズニー・チャンネルのドラマ『ウェイバリー通りのウィザードたち』(2007年)でブレイク。歌手としても活動し、2013年にリリースしたアルバム『Stars Dance』がヒットした。2017年初頭にR&B歌手ウィークエンドとの電撃交際が取り沙汰された際はジャスティンが「彼の曲はダサい」とディスる場面もあったが、同年の秋にはセレーナがジャスティンとヨリを戻すという少女漫画のごとき熾烈な三角関係が展開された。

**ニック・ジョナス**
1992年、テキサス州ダラス生まれ。幼い頃から歌手として活動し、2014年にアルバム『Nick Jonas』でソロデビュー。俳優としては『ジュマンジ/ウェルカム・トゥ・ジャングル』(2018年)などに出演している。ディズニー・アイド

トボールのスター選手**ケビン・デュラント**、さらにはカーダシアン&ジェンナー姉妹など、ティーンに大人気なスターたちがこの教会に通っている。

教会コミュニティ内カップルも多い。レンツ牧師の洗礼を受けたあとジャスティンはセレーナやヘイリーと交際したが、この3人は全員レンツ牧師担当のセレブリティとされる。クリス・プラットにしても、長年連れ添った女優**アンナ・ファリス**と電撃離婚をしたあと、同派の**チャド・ヴィーチ**牧師に教えを受ける**キャサリン・シュワルツェネッガー**と結婚した。彼女の弟**パトリック**は**ジュダ・スミス**牧師のもとでモデルの**アビー・チャンピオン**と交際……所属こそバラつくが、ヒルソングまわりの異性愛セレブカップルはまだまだ観察される。こうしたセレブリティたちの福音派教会ブームは、米国メディアを驚かせた。『レディー・ガガ』章で紹介したように、アメリカで人気のある若めのセレブリティにはリベラルが多い。「同性愛差別への反対姿勢」ともなるともはや基本中の基本だ。彼らが何故「反同性愛」で知られる福音派に?

## ロックスター牧師

ジャスティンが通うヒルソング教会は、アメリカにおける福音派のステレオタイプと

ル時代より同僚のマイリー・サイラスとセレーナ・ゴメスの両方と付き合って2人の友情にヒビを入れるなどポップスター界きってのチャラ男であったが、2018年には11歳年上のプリヤンカー・チョープラーと結婚した。

**ケビン・デュラント**
1988年、ワシントンD.C.生まれ。NBAのブルックリン・ネッツ所属。Foot LockerやNikeとエンドースメント契約を結んでおり、世界で最も稼ぐバスケットボール・プレイヤーの一人である。

はちょっと違っている。オーストラリア発祥のこのメガチャーチは、リベラルな都心で人気を誇る若者向けの福音派教会なのだ。まず、巨大スタジアムでポップな音楽コンサートを派手に行う。伝統的な「宗教」イメージは打ち出さず、霊的要素を強調し、ポジティブな「自己実現」や「絆」を押し出すとされる。そのため「人口中絶反対」や「アンチ同性愛」といった教義が強く主張されることは少ないという。また、スター牧師たちのヴィジュアルがかなり派手なところも異色である。

ジャスティンと親密なカール・レンツは、Louis VuittonやSaint Laurentなどの派手なラグジュアリー・ファッションに身を包む通称「ロックスター牧師」で、スターたちと並んでも遜色なき存在感を放つ。その特異さはキリスト教保守派を含めた人々の非難や疑念を生んでいる。たとえば、ジャスティンと親しいラッパーの**ポスト・マローン**は、2017年、友人について「最高なヤツだ」としたうえで以下のように語っている。「あいつ、最近すごい宗教的になってさ、めっちゃカルトだよ。最低な奴らに1000万ドルくらい払ってるんだよ。俺も昔は超信心深くて神を信じてたんだけど、気づいたことがある。信じるものをサポートするのは良いことだけど……あいつらは金を散財してるんじゃないか。奴らの教会の天井を黄金にしたって神は喜ばない」(このインタビューを掲載したRolling Stoneの調査によると、1000万ドルの寄付については根拠不明)。

**アンナ・ファリス**
1976年、メリーランド州ボルチモア生まれ。コメディ映画『最終絶叫計画』シリーズでヒロインを演じたことで知られているほか、人気ドラマ『フレンズ』にも出演している。クリス・プラットとはお互いジョークセンスのある夫婦として知られていた。離婚発表時には「離婚で一番つらいことはプリンタが動かないとき叫ぶ相手がいないこと」と訴えるツイートにライクしている。

**チャド・ヴィーチ**
1979年生まれ。ロサンゼルスに拠点を置く若者向け教会「ZOE Church」の創設者である。モードなファッションに身を包み、Instagramのフォロワーは27万人を超えている。ヒルソング教会とも親しい。

**キャサリン・シュワルツェネッガー**
1989年、カリフォルニア州ロサンゼルス生まれ。作家として活動し、自己啓発本や絵若々しく進歩的なイメージを打ち出すヒルソング教会は、福音派らしい教義のもとにある。2015年、聖歌隊リーダーが同性愛をカミングアウトした際、創始者**ブライアン・C・ヒューストン**が立場表明の声明を出した。「教会はゲイの人々をもちろん歓迎します!」「しかし、厄介ながら、あなたがゲイの場合、積極的なリーダーシップは果たせません」「私たちは同性愛者を歓迎する教会ですが、同性愛者のライフスタイルを支持する教会ではないのです」ジャスティンの友人でもあるカール牧師はデリケートな問題については丁寧に扱ってきたが、2019年、ニューヨーク州が女性の人口中絶の権利を拡大した際は過激な言葉を用いて批判した。「よこしまで、恥ずべきで、悪魔的だ」もちろん、この教会に通うセレブたちや一般の人々イコール反同性愛、反中絶ということにはならないことは念押ししておきたい。そもそも、アメリカの若き福音派白人の同性婚支持率は上昇傾向にあり、2017年ピュー研究所調査では約半数にのぼっている。

本などを出版している。俳優アーノルド・シュワルツェネッガーの長女である。彼女とクリス・プラットの交際を知った父アーノルドは「俺よりビッグで稼いでる男じゃないか!」と驚いたらしい。

**パトリック・シュワルツェネッガー**
1993年、カリフォルニア州ロサンゼルス生まれ。俳優/モデルとして活動しており、『がんばれ!ベンチウォーマーズ』(2006年)でスクリーンデビュー。かつて彼と交際していたマイリー・サイラスは、教会の同性愛嫌悪を理由にキリスト教と距離を置いたという。

## 若者たちの福音派ブーム

セレブ界におけるヒルソング・ブームは、福音派がアメリカ最大の宗教派閥であることを思い出させてくれるだろう。進歩的なイメージを形成しつつ福音主義の教えに沿う同教会が「リベラルなエンターテインメント界に生きるキリスト教保守派寄りセレブたちの需要に見合う」とする見方もある。

カナダ人のジャスティンにしても、元々福音主義的な環境で育った子どもだ。彼とカール牧師を引き合わせた人物は母親のパティである。周囲の反対を押し切って稀代のポップスターを生んだ彼女はアンチ中絶運動に熱心な福音派キリスト教徒だ。食事の前にお祈りを捧げる子どもだったジャスティンにしても、16歳の頃中絶反対を表明している。その信仰は親子の成功譚にも垣間見える。初めてスクーター・ブラウンから連絡が来た時、パティはひどく動揺したという。息子をポップスターにする気などなかったし、ユダヤ系のヒップホップ業界人がメンターになるなど想定外にもほどがあった。うろたえた彼女は、教会の長老とともに「(ユダヤ人ではなく)クリスチャン・レーベルのキリスト教徒男性をもたらしてください」と祈りまでしたそうだ。

当時、彼女が神に願いつづけた息子の理想像は「同時代の人々に声を届ける現代の預言者サムエル」サムエルは、旧約聖書に出てくる預言者であり宗教的指導者である。幾多もの困難を経て、母の祈りは叶ったのかもしれない。2010年代を象徴するポップスター、ジャスティン・ビーバーは、ヒルソング教会の知名度を一気に向上させ、「宗教離れ」が進む若者たちに信仰の門戸を開いたのだから。

**ジュダ・スミス**
1978年生まれ。キリスト教団体「Churchome」の主任牧師。ジャスティンとナイトクラブで夜遊びするなど、さすがヒルソング界隈なヒップスターぶりを目撃されている。ジャスティンの母親パティは彼の説教が録音されたカセットテープを幼い頃から息子に聴かせていたという。

**アビー・チャンピオン**
1997年、アラバマ州生まれ。モデルとして活動し、Victoria's Secretのカタログなどに登場している。姉でモデルのバスキン・チャンピオンもヒルソング仲間で、ジャスティンと噂になったこともある。

**ポスト・マローン**
1995年、ニューヨーク州シラキュース生まれ。2016年にアルバム『Stoney』でデビュー。ラッパーの21サヴェージを客演に迎えて発表したシングル「Rockstar」(2017

年）が8週にわたって全米チャート1位を記録した。生まれ育った故郷はテキサス州ダラスで、2010年代アメリカの若手ポップスターとして珍しいガンマニア。ファッションセンスが独特で『美少女戦士セーラームーン』柄など、絶妙にダサいポップなTシャツを愛好している。

**ブライアン・C・ヒューストン**

1954年、ニュージーランドのオークランド生まれ。ヒルソング教会の主任牧師であり、創立者である。作家としても活動し、多数の著作を出版。2000年代には『You Need More Money』という本を出していた。Instagramのフォロワーは71万人以上を誇る。

# マイケル・ジャクソン

## ポップの王様とキャンセルカルチャー

# Michael Jackson

## 王のなかの王

アメリカの音楽界には王座が存在する。「クイーン・オブ・ソウル」なら**アレサ・フランクリン**、「キング・オブ・ブルース」ならば**B・B・キング**といった敬称が鉄板だ。階級が重複することもある。マライア・キャリーも**メアリー・J・ブライジ**も「R&Bの女王」と呼ばれることがあるし、ポップミュージックにおけるプリンセスの場合、2000年代ならブリトニー・スピアーズ、2010年代ならアリアナ・グランデがそう呼ばれた。ジャスティン・ビーバーが後輩**ショーン・メンデス**に対して「プリンス・オブ・ポップ」の座を争うバトルの開催を持ちかけたこともある（もちろんジョーク）。

そんなこんなで結構ありふれた二つ名といえるが、唯一無二の王座も存在する。「キング・オブ・ポップ」の称号はただ一人だけだ。1958年、インディアナ州に生まれて以来、膨大なヒット曲や画期的な表現を世に出しつづけたことでアメリカの「ポップスター」原型を創造したマイケル・ジョセフ・ジャクソンこそ、ポップの王様だ。

「キング・オブ・ポップ」の栄誉は2010年代も揺らぐことはなかった。というか、よ

**アレサ・フランクリン**
1942年、テネシー州メンフィス生まれ。1961年に歌手デビュー。ゴスペルをベースにした力強い歌声から"クイーン・オブ・ソウル""レディー・ソウル"と呼ばれた。2018年、病気でこの世を去る。享年76歳。生前は歯に衣着せぬ物言いも人気を博した。後輩のアデルやアリシア・キーズを称賛するなかでテイラー・スウィフトへの想いを問われて「そうね、ドレスが素晴らしい。綺麗なドレス」と回答し、ニッキー・ミナージュについては「飛ばして頂戴」とコメントしている。

**B・B・キング**
1925年、ミシシッピ州イッタベナ生まれ。20代の頃にギターとわずかな小銭を持ってテネシー州メンフィスに渡り、ラジオに出演するなどし

り増大したといっていいかもしれない。１９９０年代と２０００年代に起こった児童に対する性的虐待疑惑によって揺らいでいたマイケルの「評判」は、彼が２００９年に急逝したのち復権していったのだから。没後10年を迎える頃には「史上最高のエンターテイナー」という評価がスタンダードとなり、２００１年生まれのビリー・アイリッシュや１９９８年生まれの**ジュース・ワールド**といったZ世代のアーティストすら、王への賛美を口にし、彼が遺した音楽を愛していた。ビリーに至っては「マイケルはちょっとした神様」と崇めたが、それも言い過ぎというわけではないだろう。

## ネバーランドにさよならを

時代が移り変わっても「キング・オブ・ポップ」の人気は絶大だ。音楽配信サービスSpotifyのチャート動向を見れば、ハロウィンシーズンになるたび大ヒット曲「Thriller」を聴く習慣が世界中で定着していることもわかる。ゆえに、２０１９年のマイケル10周忌はお祭りになるはずだった。一定数の人々にとっては、彼が生前受けられなかった賛美や尊敬を目一杯伝えるチャンスでもあっただろう。エンターテインメント業界にとっては稼ぎ時でもあったはずだが、こちらの試みは大きく難航することになる。同年の初頭、生前のマイケルと交流した元少年たちが性的虐待被害を告発するドキュメンタリー

て頭角を現す。１９５１年にリリースしたシングル「３ O'clock Blues」がヒット。ギタリスト／シンガーとして多大なリスペクトを集めている。２０１５年に老衰で逝去。享年89歳。レニー・クラヴィッツは「１０００の音を奏でようと、あなたが音符ひとつで表現したことを表せたことなどなかった」と賛美することで彼を追悼した。

**メアリー・J・ブライジ** １９７１年、ニューヨーク州ヨンカーズ生まれ。１９９２年に歌手デビュー。"クイーン・オブ・ヒップホップ・ソウル"と呼ばれている。女優としても活動しており、２０１７年の映画『マッドバウンド 哀しき友情』の演技は各方面で称賛された。マライア・キャリーやビヨンセなどトップディーバが共演した２００８年のチャリティソング「Just Stand Up!」においても圧巻の歌声を轟かしている。

映画『ネバーランドにさよならを』がリリースされたのだ。

マイケル・ジャクソンにまつわる疑惑を簡単に振り返ってみよう。邸宅「ネバーランド」に子どもたちを招待していた彼は、「友人の少年」に性的虐待を行ったとして告発を受けた。1993年には示談、2005年の裁判は無罪判決に終わったものの、前述どおり世間の評判は悪化し、マイケル自身も苦しんだと伝えられている。ただし、2009年の急死後には、FBIより「10年にわたる捜査の結果、虐待や児童性愛の証拠は見つからなかった」旨の報告書の一部がリリースされている。そうして悪評は激減していったわけだが、前出『ネバーランドにさよならを』における2人の告発者のうち1人は2005年裁判においてマイケルを擁護する証言を行った元少年だったため、大々的に「疑惑」が復活したのだ。

ドキュメンタリー中では、元少年たちと家族の口から、マイケルに気に入られた少年時代や、彼を信奉するゆえに裁判で嘘の証言をした旨が約4時間にわたって語られる。決定的な証拠が出されたわけではないのだが、スーパースターに魅入られた元少年の家族が崩壊していく証言内容は大きな話題を呼んだ。



**ショーン・メンデス**
1998年、カナダのオンタリオ州生まれ。ティーンの頃に動画共有サービス「Vine」にアップした映像がマネージャーの目にとまり、2014年にEP『The Shawn Mendes EP』でデビュー。甘い歌声と端正なルックスで大きな支持を獲得している。同じカナダ出身のバッドボーイ、ジャスティン・ビーバーとは対極のピュアなイメージで知られたが、2019年、ヒット曲「Señorita」でコラボしたカミラ・カベロとディープなキスをする動画を公開してファンの一部を阿鼻叫喚させた。

**ジュース・ワールド**
1998年、イリノイ州シカゴ生まれ。2015年にSoundCloudに音源を投稿しはじめ、音楽活動を開始。2017年、スティングのヒット曲「Shape Of My Heart」をサンプリングした楽曲「Lucid Dreams」が話題になったことで

## 名声やインフルエンスを剥奪する「キャンセルカルチャー」

本稿の主題はここから始まる。混乱を受けて、BillboardやGQなど、アメリカのメディアが注目したテーマがひとつあった。『マイケル・ジャクソンほど強大な存在をキャンセルできるのか？』一体、「キャンセル」とはなにごとなのか。

ソーシャルメディアの普及によって俗に言う炎上騒動も増えた2010年代の後半、アメリカで問題視されたものが「キャンセルカルチャー」だ。これは、問題のある行動をしたと思われる人物から名声やインフルエンスを剥奪しようとする動きを指す。性的暴行やセクシャル・ハラスメントを告発する#MeTooムーブメントが活性化した2017年以降、注目度が高くなったと語られやすい。ただし、#MeTooと比べると、「キャンセルカルチャー」の範囲はより広い。メジャーなものとしてはアイデンティティ政治、ソーシャル・ジャスティス系統のイシューが挙がるだろう。

たとえば2018年には、アカデミー賞の司会に就任していたコメディアン、**ケヴィン・ハート**の過去の発信がインターネットで話題になった。彼は、10数年前に同性愛差

大きな知名度を獲得した。2019年、シカゴの空港で心臓発作を起こして病院に搬送され、そのまま息を引き取った。享年21歳。生前の彼が早逝したラップ仲間に宛てた楽曲「Legends」では、名声を得た若者たちがドラッグによって命を落としてしまう世界を変革する意思を表明していた。

別的なジョークをツイートしていたのだ。この騒動を受けたハートは「アカデミー賞授賞式のホストを担当する」発表からたった数日で、栄誉ある司会の辞退を表明するに至る。こうした過去の発言が掘り起こされるかたちの「キャンセル」は、その年、立て続けに発生していた。

同年夏ごろ、大ヒットしたマーベル映画『ガーディアンズ・オブ・ギャラクシー』シリーズの監督**ジェームズ・ガン**は、ドナルド・トランプ大統領を糾弾したことをきっかけとして、その支持者層からホロコーストや小児性愛をジョークにする約10年前のツイートを掘り起こされた。これを問題視した製作元のウォルト・ディズニー社は『ガーディアンズ』新作プロジェクトから監督を解雇してしまった。……10年も前の発信を理由に？当然、こうした有名企業も結果的に同調する「キャンセル」風潮への反発や疑念は噴出していく。ガン監督の騒動に関しては『ガーディアンズ』シリーズのキャスト陣が復帰を求めるステートメントを発表したこともあってか、翌年の春には再雇用に至っている。

## 有名企業が次々にマイケルの曲をキャンセル

「キャンセルカルチャー」への鬱憤がたまっていた流れもあって、2019年のマイケ

**ケヴィン・ハート**
1979年、ペンシルベニア州フィラデルフィア生まれ。大学を卒業したのち、靴屋の販売員を経てコメディアンとしての活動をスタート。スタンドアップ・コメディアンとしてステージに立ちながら俳優としても活躍し『ジュマンジ』シリーズや『ワイルド・スピード／スーパーコンボ』(2019年)などに出演している。2017年には不倫スキャンダルが発覚するも、その翌年、ラッパーのJ・コールが浮気中毒を扱った「Kevin's Heart」のミュージックビデオに出演して反省の意を示した。

**ジェームズ・ガン**
1966年、ミズーリ州セントルイス生まれ。カルト作品で知られる映画製作会社「トロマ・エンターテインメント」でフィルムメイカーとしてのキャリアをスタート。映画『スクービー・ドゥー』(2002年)の脚本家としてハリウッ

ル・ジャクソン疑惑再燃は絶大なインパクトをもたらした。彼はすでに亡くなっているから反論もできないし、肝心のドキュメンタリーには証拠もない（一方で告発者は健在なのだから、発信する自由はあるといえるが）。この状況で、エンターテインメントのみならず黒人コミュニティにとっても重要なマイケルが「キャンセル」されてしまうのか？　これが、メディアのみならず多くの人々が動向を注視した一因である。事実、『ネバーランドにさよならを』が米国で放送された春ごろには、数々の関連企業がマイケルを「キャンセル」していった。

10周忌のタイミングでマイケル・トリビュート・コレクションを発表したフランスのファッションブランドLouis Vuittonは、彼を想起させるアイテムの取り下げを決定。アメリカの人気アニメーションシリーズ『ザ・シンプソンズ』のプロデューサーは、表現規制には反対するスタンスを表明しつつ「唯一の正しい判断」としてマイケル出演エピソードを封印している。公開音楽プレイリストにマイケルの楽曲を入れていた大手コーヒーチェーンのスターバックスは、ソーシャルメディア上の苦情に応えるかたちで、リストから当該曲を削除した旨を発表した。

一方で、視聴者やセレブリティの反応は分かれた。生前マイケルの友人として知られ

ドに進出。監督としては『スーパー！』（2010年）をはじめバイオレンスとユーモアが同居した作品を得意としていた。マーベル映画『ガーディアンズ・オブ・ギャラクシー3』プロジェクトを降板した期間中、マーベルの競合であるDC映画『スーサイド・スクワッド2』の監督に起用された。

た大御所テレビ司会者**オプラ・ウィンフリー**は告発者を信じると宣言したが、人気ラッパーのT・I・は「黒人文化レガシーの破壊」だとして憤りをあらわにしている。もちろん、巨大なマイケル・ファンダムも黙っていなかった。彼らは同ドキュメンタリーが映画祭で披露された頃から「MJ Innocent（MJは無罪）」運動を世界各国で展開し、『ネバーランド』側の主張の欠陥を指摘していった。

「有名人にとっては最悪の時代だ。大勢が消えてる。10年前に死んだマイケル・ジャクソンは最近2人から訴えられた」
「セレブ狩りのシーズンだ。俺にやましいことはないが、先は読めない」
（2019年製作スタンドアップ・コメディ映画『デイヴ・シャペルのどこ吹く風』）

## フェイク・ウォークネス

『ネバーランドにさよならを』騒動を経た2019年後半期のアメリカのエンターテインメント界では、アイデンティティ政治的な理由にもとづく「キャンセルカルチャー」への批判が増えていった。社会的不公平に敏感であることを「ウォーク（woke）」と呼ぶが、ラッパーのカニエ・ウェストやヒット映画『ジョーカー』（2019年）の監督

**オプラ・ウィンフリー**
1954年、ミシシッピ州コジオスコ生まれ。学生の頃からメディアの仕事に携わるようになり、1986年から2011年まで放送された長寿テレビ番組『オプラ・ウィンフリー・ショー』の司会を務めた。「メディアの女王」「20世紀で最もリッチなアフリカ系アメリカ人」と言われており、絶大な人気と知名度を誇っている。2008年のアメリカ大統領選でバラク・オバマをサポートしたことでも有名。

**トッド・フィリップス**
1970年、ニューヨーク州ニューヨーク生まれ。ドキュメンタリー映像作家としてキャリアをスタート。コメディ映画『ハングオーバー！ 消えた花ムコと史上最悪の二日酔い』（2009年）を監督し、ブレイクを果たしたことで「コメディ映画の監督」というイメージが強かったが、2019年にシリアス路線のアメコミ映

**トッド・フィリップス**は、そうした文化が表現を制限している問題を提起した。この年には、アリアナ・グランデや**チャーリーXCX**といった英米アイデンティティ政治のポップアイコンとされるセレブリティも、「フェイク・ウォーカー」「フェイク・ウォークネス」といった表現を用いて苦言を呈している。この場合、「ウォーク」そのものではなく、「ウォーク」なつもりで無闇にバッシングする「キャンセルカルチャー」主義的な人々への批判だろう。極めつきには、アイデンティティ政治の象徴ともいえるバラク・オバマ元大統領すら「ソーシャルメディアでただ人をバッシングして悦に入っているようなら、それはアクティビズムではない」旨を公言するに至った。

## 群衆による不満の表明

リベラルなアイデンティティ政治と結びつけられがちな「キャンセルカルチャー」だが、そこからはずれる案件も数多に存在している。２０１９年には、トランプ政権支持層から糾弾された映画『The Hunt』が公開禁止になる事態が起きた。富裕層が庶民を集めて人間狩りを行うショッキングな内容であったが、予告編のセリフから「トランプ支持者を標的とする内容」だと疑われたことで、おもに共和党派のあいだでバックラッシュが発生していたのだ。そのタイミングで、当の大統領がほのめかすように「リベラ

画『ジョーカー』を公開して大ヒット。２０１１年ごろ、ヒルトン家の令嬢でありゴシップ界のスーパースター、パリス・ヒルトンとデートを果たすという、自作『ハングオーバー！』を地で行くような体験の持ち主である。

**チャーリーXCX** １９９２年、イングランドのケンブリッジシャー生まれ。10代の頃からシンガーソングライターとして活動をスタート。２０１５年にリリースしたアルバム『SUCKER』は各方面から称賛を浴びた。ファンとの交流イベントにて男性ゲイのファンに浣腸器具を持たされている写真を取り上げたメディアが「考えさせる問題」であると記事にした際、さまざまな事象をアイデンティティ政治的な文脈で簡略化する「フェイク・ウォークネス」な風潮を批判した。

ル・ハリウッドは最高レベルの人種差別主義」「これから公開される映画は混乱を引き起こすためにつくられている」とツイート。後日、公開一時中止が発表されたのだった。銃乱射事件を思い起こす内容こそ延期の主要因と思われるが、この騒動は「保守派キャンセルカルチャー」として、それまでリベラルを批判していた一部のトランプ支持者からも反発を受けることとなる。

無論、政治や社会問題とは離れた事象でも「キャンセル」旋風は起こる。同年の冬には、音楽フェスティバル「Camp Flog Gnaw」にサプライズ登場した人気ラッパーのドレイクが、異なるゲストを期待していた一部の観客からブーイングを受けて退場する騒動が発生した。現地の映像がソーシャルメディアで拡散されたあと、フェスを主催したラッパーの**タイラー・ザ・クリエイター**は憤りをツイートしている。「勝手に頭のなかで物語をつくって、それが実現しなかったらクソみたいに振る舞う」「これこそ、現実世界の群集心理でありキャンセルカルチャーだ」群衆による不満の表明は昔から存在してきたが、ソーシャルメディアによって多大な影響力を持つようになったし、目につきやすくもなった。

**タイラー・ザ・クリエイター**
1991年、カリフォルニア州ロサンゼルス生まれ。ヒップホップ集団「Odd Future」の一員として活動をスタートし、2009年にミックステープ『Bastard』を発表して注目を集める。そののちも『Goblin』『Cherry Bomb』『Flower Boy』『IGOR』などコンスタントにアルバムをリリースし、いずれもヒット。ファッションアイコンとしても人気で、自身のストリートファッション・ブランド「Golf Wang」を運営している。日本では、顔が芸人の岡村隆史に似ていることがちょっと話題になった。

## 人々の関心は24秒ごとに移り変わる

ソーシャルメディアやそれに追随するマスメディアの「キャンセルカルチャー」が百発百中ではないことも重要かもしれない。２０１９年、過去のブラックフェイス疑惑が噴出したバージニア州知事、２人の女性から性的暴行で告発された同州副知事、そのどちらも全国ニュースを騒がせるスキャンダルになったが、彼らの地位が失われることはなかった。こうした騒動が実を結ばない要因について、共和党のベテラン戦略家ケヴィン・マッデンは解説する。「デジタル化されたプラットフォームでは、ニュースもオーディエンスの関心や議論も24秒ごとに移り変わります」もしかしたらこの言い分は、「キング・オブ・ポップ」にもあてはまるかもしれない。

２０１９年初頭、『ネバーランドにさよならを』はアメリカ、それどころか世界のポップカルチャーを揺るがす大騒動となったわけだが、結局、どうなったのか？「キング・オブ・ポップ」は「キャンセル」されるに至らなかった。確かに当時は多くの関連企業が撤退を決定したが、雑にいえば、時間の経過とともに話題自体が小さくなっていった。たとえば、米国放送から約２カ月、ラッパーの**ジョイナー・ルーカス**が「Devil's Work」

**ジョイナー・ルーカス**
１９８８年、マサチューセッツ州ウースター生まれ。10歳のときにラップを始め、２０１５年にシングル「Ross Capicchioni」で注目を集める。２０１７年、YouTubeで発表した「I'm Not Racist」のミュージックビデオがバイラルとなった。この曲では白人と黒人双方の視点で社会問題が語られており、アメリカの人種差別の論争にメタ的な視点をもたらしている。同曲でリスペクトを表明したエミネムとは２０１８年に「Lucky You」でコラボレーションを果たした。

なる曲をリリースした。ミュージックビデオのなかで、教会に入場したジョイナーは天に向かって訴える。「神よ、マイケル・ジャクソンをこの世に戻してくれ……かわりにドナルド・トランプを持っていけばいい」この刺激的なリリックはもちろんソーシャルメディアで議論を起こしたが、そこで問題視された事柄は、政治思想が異なる人々の死を神に願うラインだ。

ほんの2カ月前は、スターバックスがプレイリストに楽曲を入れていただけで「児童性的虐待を肯定する企業」かのようにバッシングされていたというのに、マイケル疑惑への関心はすっかり影を潜めてしまっていた。ドキュメンタリー映画『ネバーランドにさよならを』は、米国で高い視聴者数を記録したのちエミー賞を獲得した。一方、作中で「性的暴行現場」とされた場所がその当時建設されていなかった事実誤認が露呈する事態にも陥る（これだけで「告発は虚偽」と断じることはできないが、ドキュメンタリーとしての信用は落ちてしまうだろう）。

## Leave Me Alone

『ネバーランドにさよならを』騒動が収まった2019年末期には、ポップの王様10周忌にふさわしいニュースが相次いだ。伝説的ロックバンド「クイーン」を描いた大ヒット映画『ボヘミアン・ラプソディ』のプロデューサーがマイケルの伝記映画製作の権利を獲得したと報道されたのだ。かの**フレディ・マーキュリー**を超えるヒットを狙うには、「キング・オブ・ポップ」はうってつけの存在だろう。『ネバーランドにさよならを』が話題になった時期に延期された伝記ミュージカル舞台『MJ the Musical』も2020年夏の開演が決定した。ほかには、マイケルの手袋が語り部となる非公式ミュージカル舞台プロジェクトも発表されている。ドキュメンタリー業界でも人気は健在だ。『ネバーランド』が騒動を巻き起こしたあとは、イギリスで「誰がマイケルを殺したのか」疑惑を追及する番組『Killing Michael Jackson』が放送された。今度は、打って変わって「被害者としてのマイケル」像がクローズアップされたのである。なにはともあれ、これらの新作すべてに言えることは、リリース側が稼げる確率が高いということだ。「史上最高のエンターテイナー」にまつわる明るい物語と暗い疑惑、そのどちらの需要も衰えていない。

セクシュアリティや肌の色の変化、急死など、さまざまな「疑惑」をささやかれつづけた「キング・オブ・ポップ」は、2010年代においても「キャンセルカルチャー」問題を代表する存在に置かれることとなった。そもそも、マイケルこそ「キャンセルカ

**フレディ・マーキュリー**
1946年、タンザニアのザンジバル生まれ。幼少期をインドで過ごし、1964年にイングランドへ移住して本格的に音楽活動を開始。1970年に前身バンド「スマイル」の名前を「クイーン」と改め、「Bohemian Rhapsody」「Killer Queen」「We Are the Champions」など数々の名曲を世に送り出した。1991年、病気でこの世を去った。享年45歳。彼が歌った楽曲の数々はクラシックとなっており、2004年にはビヨンセ、ブリトニー・スピアーズ、ピンクが集結したPepsiのコマーシャルにて「We Will Rock You」がカバーされている。

ルチャー」という言葉が普及する前から「キャンセル」されつづけたスターといえるかもしれない。生前「Leave Me Alone」のミュージックビデオにて、猛攻をしかけてくるタブロイドに「もう放っておいてくれ」と歌ったこともあったが、その偶像がマネーを生み出す限り、ビジネスの世界は手を離しそうにない。

## 王よ、永遠なれ

実は、キングに並ぶ音楽界の王位を持つ存在として「クイーン・オブ・ポップ」ことマドンナが挙げられる。この女王が2009年、マイケルの死を受けて読み上げた後悔の追悼は、ソーシャルメディアが普及した時代、よりその意味を深めたかもしれない。ただし、最終的な結論も、再度証明されたと言っていいだろう。

「彼の訃報《ふほう》を聞いた瞬間、浮かんだ想いはひとつだけでした。〝私は彼を打ち捨てた〟我々全員が彼を打ち捨てたのです。私たちは、かつて世界が輝かしい人物を燃やし尽くす様をただ傍観しました。彼は家族をつくろうとして、キャリアを再建しようとつとめましたが、ただジャッジを下していた私たちの多くが、背を向けたのです。私は絶望のなかで、思い出をなくさないために、インターネットで彼が歌い踊る動画を観ました。そして、こう思ったのです。〝あぁ、神よ、こんなにもユニークで、独創的で、ほかにない存在は……王そのもの〟

しかし、彼は同時に人間でもあったのです。あぁ……私たちはみな人間であり、時に感謝を忘れてしまう。ポジティブなことで終わらせましょう。私の息子たちは、9歳と4歳になりますが、マイケル・ジャクソンに夢中です。家では、何度もクロッチ（股布）をつかんでムーンウォークをしているんですよ。まるで、新たな時代の子どもたちが、天性の才を発見することで、ふたたび彼に生命を授けるように。この景色を見たマイケルが笑っていることを願います。

そう、マイケル・ジャクソンは人間でした。でも、キングでもあったのです。王よ、永遠なれ」

# ケンドリック・ラマー

## 黒人は獲れないグラミー賞

# Kendrick Lamar

## 「ブラックミュージックはアメリカ音楽のすべて」

2010年代アメリカの大衆文化は、ブラックカルチャーなしには語れない。映画界においては、『ブラッド・ピット』章で触れる『それでも夜は明ける』（2013年）、『ムーンライト』（2016年）といったアカデミー作品賞受賞作に加えて、マーベル映画『ブラックパンサー』（2018年）が『タイタニック』（1997年）すら超える歴史的メガヒットを記録したことで、それまで跋扈《ばっこ》していた「黒人映画は売れない」レッテルを派手に吹き飛ばした。

ポピュラーミュージックにおいても、ストリーミング・サービスが普及した2010年代半ばにはR&B／ヒップホップ・ジャンルが天下を獲っている。**ブルーノ・マーズ**が「ブラックミュージックはアメリカ音楽のすべて」と語ったように、元々ヒップホップやR&B、ファンクやジャズは同国において大きな影響力を誇るアートフォームだったが、その事実が改めて数字によって証明されたといえるだろう。そんな2010年代を代表する英雄的存在こそ、『ブラックパンサー』コンセプトアルバムを創造し、ラップが史上初めてトップジャンルとなった2017年にナンバーワン・アルバム『DAMN.』

**ブルーノ・マーズ**
1985年、ハワイ州ホノルル生まれ。幼少の頃からステージでパフォーマンスを行いはじめ、高校卒業後に故郷のホノルルからロサンゼルスに移住。プロデューサーチーム「ザ・スミージントンズ」のメンバーとしての活動を経て、ソロシンガーとして活動をスタート。2014年にマーク・ロンソンとコラボレーションしたシングル「Uptown Funk」が世界中でメガヒットして名実ともにトップスターの仲間入りを果たした。4人の姉妹と兄のいる大家族の育ち。姉妹たちはガールグループ「ザ・ライラス」として、兄はブルーノの舞台もサポートする「ザ・フーリガンズ」のドラマーとして活動するなど、音楽ファミリーである。

をリリースしたラッパー、ケンドリック・ラマーである。

## ヒップホップ・コミュニティへの忠義

1987年、犯罪率の高いカリフォルニア州コンプトンに生まれたケンドリック・ラマー・ダックワーズは、ギャングと近しい距離にありながら、真面目にラッパーを目指していった。ティーンエイジャーの頃より地元の注目を集めていき、2003年にはトップ・ドッグ・エンターテインメント、2010年には憧れの存在**ドクター・ドレー**が創設したアフターマス・エンターテインメントと契約を果たしている。メジャーデビュー後は、ひときわ高いヒップホップ・コミュニティへの忠義を貫きながら、社会の人種差別も浮かび上がらせるコンシャスなアーティストとして高評価を積んでいく。

なかでも、ヒストリー・メイキングとまでいわれた作品が3rdアルバム『To Pimp A Butterfly』である。ジャジーなサウンドとハイスキルなラップによって紡がれるケンドリック個人の感情、そのなかで脈動する、黒人を搾取してきたアメリカの過去と現在、そしてブラックカルチャーの歴史……まさに、リリースした瞬間「歴史的名盤」と評されるにふさわしい内容だった。

**ドクター・ドレー**
1965年、カリフォルニア州コンプトン生まれ。10代の頃からDJとして活動し、1986年に結成されたヒップホップ・グループ「N.W.A」の一員としてブレイクを果たす。1991年にメンバー同士の不和が原因でグループを脱退したあとはソロアーティスト／プロデューサーとして活躍し、数々の作品を大ヒットさせた。2008年にはヘッドフォン・ブランド「Beats Electronics」を立ち上げ、実業家としても大成功を収めている。同郷のケンドリックは、8歳のときに彼と2パックのミュージックビデオ撮影を目撃して感銘を受けたという。

「史上最高のラッパー」として名高いケンドリック・ラマーを評する言葉は数多いが、あえてセレブリティカルチャーの観点で見るならば、彼の強みは「トップスター」でありながら「私小説的な作家」とも言うべき、コンシャスでパーソナルなイメージを保ったところにある。たとえば、ケンドリックが危うげに「大丈夫だ」と繰り返す『To Pimp A Butterfly』収録曲「Alright」は、無抵抗の黒人市民に発砲する警官を批判するようなラインがあったこともあり、『ビヨンセ』章でも紹介したブラック・ライブズ・マター運動のアンセムとなった。

一方で、同アルバムに収録された「The Blacker The Berry」には、こんな一節が登場する。「なんで俺はトレイボン・マーティンがストリートで殺されたからって泣いたんだ？／自分はギャングバンギング（ギャング同士の抗争）でより肌が黒い奴を殺そうとしてるのに／偽善だ！」トレイボン・マーティンとは、2012年、フロリダ州にて自警団に射殺されたアフリカン・アメリカンの高校生である。この件で、警察側は加害者の取り調べ調査を十分に行わなかったとして大きな批判を浴びた。ブラック・ライブズ・マターに大きな影響を与えた事件だ。このことを踏まえれば、同運動の英雄的存在によって放たれた「Blacker The Berry」が大きな議論を巻き起こしたことは想像に難くないだろう。

「黒人同士の犯罪率こそ高いのだからブラック・ライブズ・マター運動は偽善」という訴えだと受けとめる人も出てきていた。しかしながら、留意すべきことは、アクティビズムのアンセムとなった「Alright」にしても、「俺は2015年最大の偽善者だ」と宣言される「Blacker The Berry」にしても、あくまでもケンドリック個人の感情や体験が表現されている点だろう。大々的な「ステートメント」や「エンパワーメント」を主眼とするスタンスはとられていない。「Blacker The Berry」への反発を受けて、ケンドリックはこのような表現で応えている。「ただのトークやラップと受け取る人もいるけど、あれは俺の人生なんだ」

人種差別的とされる言動が問題になったドナルド・トランプが大統領になった際も、ケンドリックは己の物語を語ることを重要視した。「(トランプについてあまり語らない理由は）死んだ馬に鞭打つようなものだからだ。どんな状況かはもうみんな知ってる。それについてただ話しつづけるのか？　それとも行動に移すのか？」「アルバム内でも外でも、俺は自分のコミュニティのなかでアクションを起こしつづけてきた。世界で起こっていることや境遇ではなく、自分について語ってきたんだ。まず自分自身のリフレクション。変化はそこから始まるだろう」後年、バラク・オバマ元大統領すらインターネット上の〝糾弾で終わる糾弾〟を批判する状況になったことを考えれば、先見性があったといえるだろう（『マイケル・ジャクソン』章参照）。なにより、ヒップホップの力を信じつづけたケンドリックらしい答えだ。

## グラミー賞は祝福であり、呪いでもある

2017年、ケンドリック・ラマーは、商業的にも、ポップカルチャーの面でも頂点に君臨してみせた。カムバック・シングル「Humble」はキャリア初のHOT100ナンバーワンを獲得。『マルーン5』章で触れるように、このときアメリカの若手ラップ界隈では「ロックスター」像が流行していたが、ケンドリックは同曲ミュージックビデオにて神々しいローブをまとう教皇としての姿を披露し、特別な存在であることを突きつけた。冒頭で述べたように、3rdアルバム『DAMN.』は、R&B／ヒップホップがアメリカのトップジャンルに輝いた年、最もヒットしたアルバムとなっている。前作から引き続き、批評家やメディアからの評価も高かった。まさに向かうところ敵なしな状態である。しかしながら、このときでも、彼に授けられることのなき「名誉」が存在した。アメリカ音楽界最大の権威とされるグラミー賞である。

ケンドリック・ラマーとグラミー賞の複雑な歴史はメジャーデビューした頃から始

**マックルモア&ライアン・ルイス**
2008年、ワシントン州シアトルで結成されたヒップホップ・デュオ。2012年にリリースしたシングル「Thrift Shop」がヒット。大がかりなプロモーションを行わず、インターネットでの露出とライ

まっている。デビューアルバム『Good Kid, M.A.A.D City』期、2014年グラミー賞では7ノミネートを受けたものの、持ち帰ったトロフィーはゼロ。最優秀新人賞もラップ部門カテゴリも、当時ナンバーワン・シングルを輩出していた白人ラッパーとプロデューサーのデュオ、**マックルモア&ライアン・ルイス**に敗れている。「ラップカテゴリではなくポップカテゴリの候補にすべき」と議論もされていた白人デュオが「新たなる西海岸の王者」に勝ったことは大きな反発を呼んだ。マックルモア当人にしても「君が受賞するべきだった」とケンドリックにメールした旨を公表している。後日、グラミー賞3部門獲得の快挙についてはこんな言葉を残した。「祝福であり、呪いだ。やや呪いがまさる」不運にも、グラミーの呪いのようなものはケンドリックにも降り注ぐこととなる……とはいっても、この年から2019年にかけて、彼は毎年グラミー賞にノミネートされつづけた。6年間で総ノミネート数は37にのぼるし、ラップ部門では13個ものトロフィーを得ている。

彼が勝てなかった領域は主要部門だ。ポップ部門やラップ部門など多くのジャンル別カテゴリを持つグラミー賞だが、最も注目されるフィールドは、最優秀アルバム賞、最優秀レコード賞、最優秀楽曲賞、最優秀新人賞からなる主要4部門、通称「BIG4」である。パフ・ダディこと**ショーン・コムズ**が「ヒップホップ、ブラックミュージック

ブで着実にファン層を広げていったことが話題を呼んだ。同年、彼らがリリースした男性同性愛者視点のラップソング「Same Love」は大きな話題を呼び、『レディー・ガガ』章で紹介したアイデンティティ政治ムーブメントを代表する作品となった。

**ショーン・コムズ**
1969年、ニューヨーク州ニューヨーク生まれ。1993年にレコードレーベル「Bad Boy Records」を立ち上げてプロデューサーとして頭角を現し、ヒップホップ・シーンに大きな影響を与えた。ラッパーとしても成功しており、1997年にリリースしたデビューアルバム『No Way Out』をはじめ、多くの作品がヒット。別名「ディディ」「P・ディディ」「パフ・ダディ」。2020年には、本名「ショーン・コムズ」を「ショーン・ラブ・ジョン・コムズ」に改名するため裁判所に書類を提出したらしい。

がグラミー賞にリスペクトされたことは一度だってない」と宣言したことからもわかるように、この「BIG4」と黒人アーティストの複雑な歴史は長い。

## まったく勝てない本命候補

「黒人は獲れない」風評が流れつづけている領域ともいえるが、2010年代の場合、注目された部門は最優秀アルバムだった。2000年から20年間、同カテゴリを受賞した黒人アクトは**アウトキャスト**と大御所ピアニストの**ハービー・ハンコック**のみ。2015年から2019年にかけては、「アフリカン・アメリカンの星」的存在であるケンドリックとビヨンセが「本命候補」とされながらも連敗しつづけたことから、同賞の人種差別疑惑への批判が活性化していった。では、2人がノミネートされた年度の勝者、そしてそれぞれのアルバムのBillboard HOT200年間チャート成績を見てみよう。

◎グラミー賞 最優秀アルバム部門（Billboard HOT200年間チャート順位）

2015年
勝者：**ベック**『Morning Phase』（年間60位／翌年圏外）

**アウトキャスト**
1992年、ジョージア州アトランタで結成されたヒップホップ・デュオ。ラッパーのアンドレ・3000とビッグ・ボーイが高校生の時に出会い、ミックステープの制作をスタート。2003年にリリースしたシングル「Hey Ya!」が大ヒットした。アメリカ南部の訛りと重厚なサウンドが特徴の「サザン・ヒップホップ」代表格とされる。いわばレジェンド的存在であり、ケンドリックも客演した楽曲「Control」にて、エミネムやジェイ・Zと並ぶグレイテストMCとしてアンドレの名前を挙げている。

**ハービー・ハンコック**
1940年、イリノイ州シカゴ生まれ。幼少の頃にピアノを弾きはじめ、1960年にプロミュージシャンとして活動をスタート。1960年代以降のジャズシーンをリードする存在として知られ、ストレートアヘッド・ジャズ、ジャ

敗者：ビヨンセ『Beyoncé』（年間2位／翌年57位）

2016年

勝者：テイラー・スウィフト『1989』（年間1位／翌年17位）

敗者：ケンドリック・ラマー『To Pimp A Butterfly』（年間16位／翌年61位）

2017年

勝者：**アデル**『25』（年間1位／翌年26位）

敗者：ビヨンセ『Lemonade』（年間4位／翌年71位）

2018年

勝者：ブルーノ・マーズ『24K Magic』（年間2位／翌年26位）

敗者：ケンドリック・ラマー『DAMN.』（年間1位／翌年13位）

2010年代後半、非常に高い水準で評価とセールスを両立したケンドリック、そしてビヨンセは「本命候補」と見立てられながらも一度も勝ったことがない。対して、白人シンガーであるアデルとテイラー・スウィフトは、2010年から2017年のあい

ズファンク、フュージョンなど多彩なスタイルの最先端を常に走っている。70歳となった2019年には、ケンドリックの『To Pimp a Butterfly』を称賛した。

**ベック**

1970年、カリフォルニア州ロサンゼルス生まれ。1993年にリリースしたシングル「Loser」が話題を呼び、1996年に発表した2ndアルバム『オディレイ』がヒット。大きな知名度を獲得した。グラミー受賞に関しては「ビヨンセが獲ると思っていた」と明かしたうえ、ステージにあがり妨害しようとしたカニエ・ウェストに対して「彼ほど壇上に上がるべき人はいない」と語ることで人格者っぷりを見せた。

だ、それぞれ2回もこの部門を獲っているのだ。つまり、8年間で半分ものアルバム賞をこの2人が獲得し、同じ数だけケンドリックとビヨンセが敗退している。

## 「票田」規模問題

何故、黒人のスターはグラミー賞の最優秀アルバム賞を獲れないのだろうか？ 2010年代に限れば、本アワードのシステムを探ることで納得がいくかもしれない。グラミー賞は、全米レコード芸術科学アカデミー（NARAS）の会員の投票によって選出されるシステムだ。ジャンル別に分けられるサブカテゴリの場合、当該領域の専門家とされる人々が票を投じていく。一方、主要4部門の場合、1万人以上の全会員が投票権を持っている。ここが厄介なところだ。元々、NARAS会員は高齢の白人男性が多いとされている。そのなかには、たとえばクラシックの専門家など、ヒットチャートに精通していない人もいるはずである。そうなると、全会員が投票する「BIG4」は「年長者にも好かれるトップセールスのスター」が獲りやすい通説が立つ。アデルもテイラー・スウィフトも、ケンドリックとビヨンセ以上にメガヒットしているし、2018年ウィナーであるブルーノ・マーズ含めて「現行チャートヒットに疎い年長者」も親しみやすい作風といえる。『レオナルド・ディカプリオ』章で紹介するアカデミー賞と同じ

**アデル**
1988年、イングランドのロンドン生まれ。2011年に発表した2ndアルバム『21』が世界的に大ヒットした。2017年グラミー賞で年間最優秀アルバム部門を獲得した際には「ビヨンセが獲るべき」と涙ながらにスピーチしたが、その後、まるで賞を分け合うかのように、ステージ上でトロフィーが2つに割れる珍事が発生した。亜鉛合金でつくられる同賞のゴールデン・トロフィーは重厚な雰囲気をかもしているが、案外脆いようだ。

**サム・スミス**
1992年、イングランドのロンドン生まれ。2012年にディスクロージャーのシングル「Latch」にフィーチャリングされたことで注目を集める。2014年にリリースしたデビューアルバム『In the Lonely Hour』がグラミー賞の最優秀新人賞、年間最優秀レコード賞、年間最優秀楽曲賞、最優秀

く、「権威ある識者がクオリティだけを見て丁重に受賞作品を選択」するようなシステムではないことは気にとめておいたほうが良い。

しかしながら、これだけでは「黒人が獲れないグラミー賞」議論は終わらない。先ほど掲載した勝敗リストを見てみよう。アワードに対する人種差別疑惑が活性化したきっかけとなった2015年は、ほかと状況が異なっている。HOT200で年間60位のベックが4位のビヨンセを負かしているのだ！　この年は、ソウルフルな歌唱により「年長者にも好かれるトップセールスのスター」となった**サム・スミス**が大勝した回である。アルバム部門以外の「BIG4」カテゴリはすべてサムが獲得している。なのに何故、アルバム部門だけ、知名度の高いサムでもビヨンセでもなく、オルタナティブ・ロックのベテラン、ベックが勝ったのか？　推測するならば、「票田」規模問題が挙がるだろう。

2011年、選考委員会アトランタ支部で元会長を務めたジャーメイン・デュプリや**トム・シルバーマン**が明かしたところによると、NARAS内の最大派閥は統率がとれたカントリーブロック、対して最小派閥はラップやR&Bなどのアーバンブロックなのだという。また、ベックが該当するロックカテゴリの票田も大きいと示唆されている。つまり、見込み票の規模が大きいカントリーとロック系アクトの場合、「年長者にも好かれ

ポップ・ヴォーカル・アルバム賞を獲得した。ビヨンセやマライア・キャリーを尊敬する無類のディーバ好きであり、有名になる前に製作したアルバムのタイトルは『Diva Boy』

**トム・シルバーマン**
ニューヨーク出身。レコードレーベル「Tommy Boy Records」の創設者として知られており、同レーベルはクィーン・ラティファ、アフリカ・バンバータ、デジタル・アンダーグラウンド、デ・ラ・ソウルなど錚々たるメンツを輩出している。ジャンル票田格差が生む「グラミーの奇妙な勝者」の例として、エミネムに勝ったロックバンドのスティーリー・ダンを挙げた。黒人アーティストとして数少ない年間最優秀アルバム受賞者となったハービー・ハンコックはNARAS会員が好む「オールドな権威」だとしている。

るトップセールスのスター」からはずれようと「BIG4」を獲得できるポテンシャルがある。反して、ケンドリックやビヨンセなど「アーバン」と括られるようなラップやモダンなR&Bの場合、トップセールスであろうとかなり不利だ。世間的には人気ジャンルなぶんノミネートされるアクトも多いため、票を食い合ってしまうリスクもある。

2010年代、大きな批判に曝されたグラミー賞は、高齢白人男性やカントリー、ロック専門家に偏る会員層バランスを変えていかないと「黒人スター不利」状態は改善しにくい状況なのかもしれない。実際、NARASは有色人種や女性などの新会員を増やしていったそうで、2019年には**チャイルディッシュ・ガンビーノ**が「This Is America」にてラップソングとして初の最優秀レコード賞と最優秀楽曲賞を獲得している。

## ヒップホップ・コミュニティのために

「権威」や「ブランド」に執着しないイメージのあるケンドリック・ラマーだが、グラミー賞に関しては意欲を見せたことがある。2017年にビヨンセが敗北したときには、レーベルの代表を通じて「本当に怒っている」と伝えられたりもした。何故、ケンドリックはグラミーを求めたのか？『To Pimp a Butterfly』によって年間最多ノミニー

**チャイルディッシュ・ガンビーノ**
1983年、カリフォルニア州カーン生まれ。2018年にリリースした「This Is America」のミュージックビデオが大きな話題を呼んだ。俳優（ドナルド・グローヴァー名義）としては『スター・ウォーズ』シリーズの『ハン・ソロ／スター・ウォーズ・ストーリー』（2018年）のランド・カルリジアン役などで知られている。主要部門を獲得した2019年グラミー賞の授与式は欠

となった2015年、The New York Timesにて、このような言葉で説明している。「究極的には、(ノミネートされた)11部門すべて欲しい。ヒップホップ・コミュニティのために」「もし本当に勝ったら、礎を築いた先人たち全員の勝利になる」人生を通してヒップホップを愛してきた彼らしい考えだ。いくら批判されようと、グラミー賞は「権威」でありつづけている。2020年に突入しても、アメリカ含む世界中で受賞者が「グラミーウィナー」として喧伝されていく状況だ。では、その「権威」をどう捉えて、どう活かしていくのか。そこには、アーティストそれぞれの信念、時には個人の存在をも超越する意味が宿るのだろう。

結局、ケンドリックはグラミー賞主要部門を獲れずに2010年代を終えた。しかし、2018年授与式を終えた数カ月後、音楽界を揺るがす最大のサプライズが巻き起こった。3rdアルバム『DAMN.』が、アメリカ最大級の「権威」と言っても過言ではないピュリッツァー賞を獲得したのだ。報道部門で著名な同賞だが、音楽部門の場合、グラミー以上の狭き門だった。1943年に設立されて以来、表彰されたミュージシャンはクラシックとジャズアクトに限られている。そんなアワードが、つねづね「権威」からないがしろにされてきたラップミュージックに光をあて、アートフォームとしての価値を認めたのだ。当然のように、こうした「権威」がアートのすべてではない。しかしな

席したものの、彼のレーベルは率先的に会員向けアワードキャンペーンを展開していた。同じ「BIG4」ウィナーであるサム・スミスやテイラー・スウィフトのチームもこうした票獲得戦略を大規模に行っている。一方、2017年に受賞を逃したビヨンセの場合、ロック部門やカントリー部門にもエントリーしたことでアワード幹部陣から反感を買ったと伝えられる。

がら、その栄誉をヒップホップ・コミュニティに捧げようとしたケンドリックの目標に照らし合わせるならば、ピュリッツァーはグラミー以上のインパクトを放つだろう。同年、彼がグラミー賞授与式にて行ったラップ・アルバム賞受賞スピーチを意訳して終わる。

「これは特別な賞だ。ラップのための賞だから。ラップは、俺をステージに上げてくれた。世界中でツアーさせてくれたし、家族やみんなをサポートできる立場にもしてくれた。最も重要なのは、アーティストであることの本当の意味を教えてくれたことだ。最初は、名誉や車、服のことだと思ってた。だが、本当の答えは、真に自分自身を表現して、それを世界中の新たなリスナー、新世代に届けることなんだ。わかるか？　ヒップホップが俺にしてくれたことだ。

今、この建物には、俺が憧れつづけるたくさんの人々がいるんだ。ジェイ・Z、ナズ、パフ・ダディ……知ってるだろ？　彼らはリリックを通してゲームを見せてくれた。だから、こう言いたい。このトロフィーはヒップホップに宛てられたものだ。本気の話だ。これは愛だよ、ベイビー。ジェイ・Zを大統領に！」

# マルーン5とラッパーたち

## ロックが死んだ時代のロックスター

# Maroon 5 & rappers

## 15年間トップを走りつづけるスター

「Rock Is Dead」ロックは死んだ。ドアーズの**ジム・モリソン**が１９６９年に歌ったこの言葉は、50年の歳月を経て真実味を深めることとなる。２０１０年代アメリカのメインストリームにおいて、同ジャンル音楽の人気は低下。元々ロック系フェスとして知られたコーチェラ・フェスティバルは、アリアナ・グランデやレディー・ガガ等のメガ・ポップスターをヘッドライナーに迎えはじめた。２０１０年代終わり、「この20年で文化は変わった」と語る同フェスの元幹部やアドバイザー自らロックではなくポピュラーミュージックこそ若者向け大規模イベントで利益を出せると認めている。

そんなロック凋落の時代、約20年にわたってトップを走りつづけるロックスターがいる。名前はアダム・レヴィーン。21世紀アメリカが誇る、ロックを拒否するロックスターだ。

「She Will Be Loved」「Sunday Morning」「Payphone」……この甘いラブソングの数々を、日本の街中で聴いたことがある人も多いだろう。アダム・レヴィーン率いるマルー

**ジム・モリソン**
１９４３年、フロリダ州メルボルン生まれ。１９６５年、ロックバンド「ザ・ドアーズ」を結成。１９６７年にリリースしたデビューアルバム『The Doors』がヒットした。１９７１年に27歳で逝去。詳しい死因は明らかにされていないが、ドラッグの過剰摂取が原因だといわれている。その類い稀な才能とカリスマ性、アルコールとドラッグに溺れた破滅的な生き方が多くのミュージシャンに影響を与えている。27歳で亡くなったスターたちを指す「27クラブ」を代表する存在。

**カーディ・B**
１９９２年、ニューヨーク州ニューヨーク生まれ。元ストリッパーという経歴を持ち、デビュー前からInstagramで過激な写真や発言を投稿して注目を集める。テレビ番組『Love & Hip Hop: New York』に出演してさらなる知名度を獲得したのち、ラッパーとして大

ン5は、21世紀の幕開けとともにメジャーデビューを飾ったバンドである。2004年「This Love」によってBillboard HOT100トップ10入りを果たして以降、15年にわたってチャートトップの地位を守りつづけているメガスターだ。2018年にはラッパーの**カーディ・B**を客演に迎えた「Girls Like You」で4度目のBillboard HOT100首位を達成。2004年に頭角を現したTOP10アクトが**エヴァネッセンス**や**キャシディ**であることを考えれば相当に息の長いキャリアといえる。その栄誉を表すように「Billboard HOT100史上最も偉大なアーティスト」ランキングにおいては**デュラン・デュラン**や**イーグルス**を超える37位についている(2019年7月現在)。

## ロックを拒否するロックスター

ボーカルのアダムは数々のモデルと浮き名を流した細マッチョな美形で、国民的音楽オーディション番組『The Voice』の審査員も長く務めたこともあり、セレブリティとしての知名度も高い。裸体を晒すことも多いこの男の二つ名は、ずばり「ロックスター」。メディア露出の際、ヨガを披露しようものなら記事タイトルは「ロックスター・ヨガ講座」、近況を語れば「アダムのロックスター・ライフ語り」として配信される。つまるところ、ロック不況時代に大人気なバンドがマルーン5であり、21世紀アメリカを代表す

成功を収めた。「音楽に情熱を持ってるけど、家賃と光熱費の支払いにも同じくらい関心がある」と語りながら財テク指南も行うリアリストである。

**エヴァネッセンス**
1995年、アーカンソー州リトルロックで結成されたヘヴィロック・バンド。2003年にリリースされた1stアルバム『Fallen』が大ヒット。メンバーチェンジを繰り返しながら活動を続けており、結成時のメンバーで現在も在籍しているのはボーカリストのエイミー・リーのみである。2020年にハリウッド・ウォーク・オブ・フェイム入りしたラッパーの50セントは、2004年のグラミー賞にて最優秀新人賞を彼女たちにさらわれたことを振り返り「今あいつらはどこにいるんだ？」と皮肉った。ただし、同バンドを青春のアイコンとする音楽ファンは多い。

る「ロックスター」こそアダム・レヴィーンなのである……しかしながら、彼らがロックバンドなのかは議論が残る。

アメリカのメディアで頻用されるマルーン5の肩書きは「ポップロック・バンド」アダムがメガ・ポップスターと呼ばれることもある。これらのことが示すものはなにか？彼らの音楽がポップソングとして愛好されている側面だろう。マルーン5の長いキャリアを支えているのは、米国人のライフスタイルに根づくラジオだ。その人気を示す指標として、前述Billboardオールタイム・チャートのうち「アダルト・ポップ・ソング・アーティスト」部門では歴代1位記録を有している。「僕の人生には甘みが必要なんだ」とロマンチックに歌う「Sugar」や**クリスティーナ・アギレラ**を客演に迎えた「Moves Like Jagger」等のラブソングは結婚式の定番BGMともいわれている。

こうした大衆人気を誇るマルーン5が、いわゆるオルタナティブな「ロックバンド」として受容される場面は限られている。売れ始めの頃に至っては、日本でいうアイドル的ジャンルのボーイバンドと勘違いされたくらいだ（『ワン・ダイレクション』章コラム参照）。マスに大人気なバンドが「ロックじゃない」扱いを受けるケースは定番だが、マルーン5の面白い点は、フロントマン自身が「ロックを志向したことなど一度たりとも

**キャシディ**
1982年、ペンシルベニア州フィラデルフィア生まれ。1990年代後半にフリースタイルで注目を集め、ラッパーとしてのキャリアをスタート。2005年、2ndアルバムの発売直前に殺人事件に関与した疑いで逮捕され、過失致死罪などで実刑判決を受けて世間を騒がせた。釈放後の2007年にもHOT100トップ40入りを果たしている。

**デュラン・デュラン**
1978年、イングランドのウェスト・ミッドランズで結成されたロックバンド。1981年にシングル「Planet Earth」でデビュー。80年代に起きたニューロマンティック・ムーブメントの火付け役となり、当時のポップシーンを代表するバンドである。彼らのヒット曲「A View To A Kill」は、英国音楽界の名誉とされる映画『007』シリーズ・テーマソングのなかでも歴代ナンバーワ

ない」と断言することにある。

## ブラックカルチャーの影響

ロックバンドのようなヴィジュアルなのにポップ扱いを受けるマルーン5の音楽ジャンルは、一体なんなのか。2018年、ベテラン・ヒットメイカーとなったアダムがその質問に答えた。

「俺たちはいつもヒップホップやR&B、そしてあらゆるリズム形式を意識しつづけてきた。最初のアルバムを書いたときから今までずっと。ロック（への意識）はどこにもないよ、本当に。ロックがどこに存在するのかすら知らない。もし近くにあるんなら、誰も俺をパーティーに誘わなかったんだろう」

自分たちを否定してきたロック畑への恨みも感じさせるが、嘘はついていない。マルーン5は、デビューより15年間、ヒップホップやR&B、ソウルのサウンドを志向してきたバンドなのだ。その想いは、おそらくバンド名に刻まれている。元々、1979年ロサンゼルスに生まれたアダムが10代の頃に結成したバンド、カーラズ・フラワーは、典

ン級の評価を獲得している。

**イーグルス**
1971年、カリフォルニア州ロサンゼルスで結成されたロックバンド。1972年にデビューし、「Desperado」や「Hotel California」などのヒット曲を世に送り出した。メンバー同士の確執などが原因で1982年に解散。1994年に再結成を果たした。代表曲「Hotel California」の歌詞については、メンバーすら驚くほどさまざまな解釈や考察が繰り広げられている。

型的なロックサウンドだった。ただし、アルバムは売れず、1999年に当時所属していたレコード会社から離脱。夢破れたアダムはニューヨークのファイブ・タウンズ・カレッジに入学することとなった。そこで出会ったものこそ、ヒップホップ、R&B、そしてソウルだ。

ニューヨークのブラックカルチャーに衝撃を受けたアダムは、音楽性を一新することとなる。こうして、同ジャンル群に深く影響されたバンド、マルーン5が生まれた。バンド名の由来は「壊滅的にダサいため」機密とされているものの、ファンのあいだでは、音楽性の転機となった場所ファイブ・タウンズ・カレッジであると推測されている。まず校名にファイブがある、そして同校のスクールカラーはマルーン、というわけだ。

## 「ロックンロールはノスタルジーだ」

アダム・レヴィーンは、売れ始めの頃ボーイバンドと勘違いされた理由は音楽性にあると語っている。初のTOP10ヒット「This Love」は**スティービー・ワンダー**に影響されたサウンドであったし、さらにいえば半裸のアダムが女性とセクシーに絡み合うミュージックビデオは**プリンス**のアティチュードを意識していた。白人ロックバンドの風体で

**クリスティーナ・アギレラ**
1980年、ニューヨーク州ニューヨーク生まれ。10代の頃にテレビ番組『The Mickey Mouse Club』に出演してキャリアをスタート。4thアルバム『Stripped』(2002年)ではそれまでのティーンポップ的なイメージを脱ぎ捨てるような過激な表現に挑戦し、アーティストとしての地位を確立した。ブリトニー・スピアーズやレディー・ガガなど、多くの女性ポップスターとビーフを繰り広げたことでも有名。同じく闘う女として知られたピンクによると「私の喧嘩は肉体派、アギレラは口先派」

**スティービー・ワンダー**
1950年、ミシガン州サギノー生まれ。保育器内の過量酸素が原因で、生まれてすぐ

R&Bやソウル要素の強い楽曲を演奏したのだから、当時の大衆が「色物アイドル」と混乱しても無理はないかもしれない。しかしながら、その「色物」な選択は、彼らに15年続くキャリアを与えた。

最初の話に戻ろう。2010年代、アメリカでロックの存在感は低下し、コーチェラ・フェスティバルすらもポップアクトを大トリに招致するようになった。この中にはラップアーティストも入っている。2017年、ロックは「アメリカで最も消費される音楽ジャンル（ニールセン調査）」の座から陥落した。かわりにナンバーワンについたのがヒップホップ／R&Bだ。

1970年代にニューヨークで生まれたとされるヒップホップは2020年代すでに人気を博していたが、2010年代、前述ニールセン調査によって正真正銘ポピュラー音楽の顔となったといえる。マルーン5およびアダム・ラヴィーンは、この大局変動に適合したバンドだった。全般的にトレンド採用が上手い存在ではあるが、ヒップホップやR&Bへのリスペクトを貫いたからこそ、同ジャンルの存在感が勢いを増していった15年間キャリアを維持できたと評されている。ひるがえせば、さんざん「ロックじゃない」と言われつづけたこのバンドは、意図的にロック的サウンドの取り入れを拒否して

に視力を失う。幼少の頃から音楽の才能を発揮し、現在に至るまで第一線で活躍している。倒れたマイクスタンドを手で支えるなど「実は目が見えている」という都市伝説が流れつづけており、2017年には本人すら「今年、真実を話そう」とネタにした。

**プリンス**
1958年、ミネソタ州ミネアポリス生まれ。1978年にデビューアルバム『For You』をリリース。非常に多作家であり、27種類もの楽器を演奏できるほか、作詞・作曲・歌唱・演奏・プロデュースのすべてを自ら行っている。2016年、鎮痛剤の過剰摂取により逝去。享年57歳。ポップミュージックの三大巨頭でもあるマイケル・ジャクソン、マドンナ、そしてプリンスは、みな1958年生まれ。さらには、全員のアーティスト名が本名である。

いた。2018年、アダムはイギリスのメディアIndependentにて思いの丈を語っている。

「これを言ったらイングランドで嫌われるだろうけど、ロックンロールがまだ現役って考えは捨て去るべきなんだよ。あれはノスタルジーだ。俺はロックンロールを聴いて育ったし、評価もしてる。だけどさ、ローリング・ストーン誌の表紙を飾ってきたアーティストたちはツァイトガイスト（時代精神）な文化の存在なんだ。それ以外のなんでもない」

マルーン5のアダム・ラヴィーンは、ロックであることを拒否したからこそ、2010年代アメリカにおいて、ある種イメージとしての「ロックスター」になることができたといえるだろう。

## 「まるでロックスターみたいな気分さ」

「最も消費されるジャンル」からロックが陥落した2017年には、また新種の「ロックスター」が一世を風靡した。1995年生まれの若手アーティスト、ポスト・マローン

**リル・ウージー・ヴァート**
1994年、ペンシルベニア州フィラデルフィア生まれ。20歳の頃に本格的にラップを始め、2016年に客演参加

ンによる楽曲「rockstar」が8週にわたってHOT100首位を獲得したのだ。しかしながら、曲中で自らをロックスターと宣言するポストは、一般的にはロックアクトではなかった。ヒップホップ・プラットフォームで支持を獲得したラッパーだったのである。

「ボン・スコットに追悼を
ドアを閉めろ／俺たちは煙を吸うからな
彼女は俺に火を点けてほしい／ジム・モリソンのようにね」
「まるでロックスターみたいな気分さ」
（ポスト・マローン「rockstar」）

「rockstar」で言及されるジム・モリソンは、本章の初めにも登場している。1959年に「ロックは死んだ」と歌ったドアーズのボーカリストである。彼の詞が数字の面で真実味を帯びた2017年、チャートのトップで「ロックスター」と歌う男はラッパーだったのだ。この頃は、若手ラップアクトのあいだで「ロックスター」自称が流行した時期でもある。たとえば、SoundCloudラッパーの代表格**リル・ウージー・ヴァート**は「俺はラッパーではなくロックスターだ」と公言している。また、メディアから「新たなるロックスター」と讃えられる**トラヴィス・スコット**も黒人男性ラッパーである。

したミーゴスのシングル「Bad And Boujee」がヒットしたことで大きな知名度を獲得。2017年に発表したアルバム『Luv Is Rage 2』もヒットした。日本のアニメや漫画好きでも知られており、楽曲「New Patek」のリリックでは『NARUTO』のキャラを真似て鼻ピアスをあけたことを告白している。

**トラヴィス・スコット**
1992年、テキサス州ヒューストン生まれ。大学を中退して音楽活動をスタート。2018年に発表された3rdアルバム『Astroworld』は各方面で称賛された。『キム・カーダシアン』章で紹介したカイリー・ジェンナーと交際経験があり、娘も生まれている。2020年、SEMrushの調査では、すでに破局にしていたにもかかわらず英国王室のハリー×メーガンを超えて「最もアメリカで検索されたカップル」に輝いた。

## Rock Is Dead

ロックを拒否したマルーン5がデビュー15周年を迎える頃、ポピュラーミュージックにおける「ロックスター」像はラッパーに対する称賛に取って代わっていた。ドラッグや乱交のような危険なライフスタイル、スキニーで奇抜なファッション、警察沙汰に発展するモッシュピット……おもに白人男性ロッカーが代表してきた「危険なロックスター像」は、2010年代後半にはラップアクトの持ち味になったのである。

2019年、**プライマル・スクリーム**のボビー・ギレスピーは「ロックは死んだ」と宣言し、ラップこそ発明的なジャンルだと定義した。しかしながら、ユニークな事柄もある。ギレスピーが最前線と認めたラップ界では、ロックサウンドがトレンドになっていたのだ。たとえば、2010年代の後半には、多くのスターを輩出する音声共有プラットフォームSoundCloudにおいて、パンク、グランジロック風味のラップソングが人気となり、それらがドレイクなどの「ポップなラップ」へのオルタナティブとして機能していった。The New York Timesに取材されたMasked Gorilla運営者は、同シーンを以下のように形容している。「生まれ育ったときに聴いたパンクやグランジバンドのよう

**プライマル・スクリーム**
1982年にスコットランドのグラスゴーで結成。ロックンロールをベースにしつつ、アルバムごとに音楽性を大きく変化させるのが特徴で、インディーポップ色の強かった1stから、2ndアルバム『Primal Scream』(1989年)ではガレージロック、3rdアルバム『Screamadelica』(1991年)ではダンスミュージックに接近した。2019年、ボーカルのボビーは「ロックはラテン語のようなもの。失われゆく言語」と詩的に表現した。

だ。SoundCloudラップと呼ばれていることは理解しているが、俺はグランジラップと呼びたい」つまるところ、21世紀のアメリカでは、ロックを拒否したバンドが頂点を極めたあと、若手ラッパーが率先的にロックサウンドを採用する時代が到来したのである。

　ボギー・ギレスピーが「ロックは死んだ」と語った2019年、メガヒットしたラップソング「Old Town Road」でトップスターの仲間入りを果たした**リル・ナズ・X**が、伝説的グランジロック・バンド、**ニルヴァーナ**の楽曲「In Bloom」をサンプリングした「Panini」をリリースしている。1999年生まれ、当時20歳だったリル・ナズ・Xは「Panini」を制作するまでニルヴァーナをまともに聴いたことがなかったという。アダム・レヴィーンは「ロックとはノスタルジー」と言い切ったが、それらに懐かしさすら感じない世代がロックサウンドに魅入られはじめている。そもそも音楽ジャンルの「死」とはなにかという話はあるのだが、「Rock Is Dead」が確実視されるような時代でも、ロックは死んでもいられない。

**リル・ナズ・X**
1999年、ジョージア州リチア・スプリングス生まれ。2019年、カントリーとラップを融合させた楽曲「Old Town Road」が「TikTok」でバイラルとなり、一気に知名度を獲得。同年に自身がゲイであることをカミングアウトして、同性愛嫌悪が激しいといわれているヒップホップ・コミュニティに一石を投じた。ミーム愛好家としても知られており、2019年にはきゃりーぱみゅぱみゅ「チェリーボンボン」をBGMにした動画にハマっていた。

**ニルヴァーナ**
1987年にワシントン州で結成されたグランジロック・バンド。90年代のグランジ／オルタナティブ・ロックシーンを象徴する存在であったが、ボーカリストのカート・コバーンが1994年にショットガンで自殺した。

# リアーナ

## 過激なフェミニズムアイコン

# Rihanna

## ビートルズやマライアに連なるチャート記録

2010年代の終わり、21世紀にデビューしたミュージシャンで最も多くの全米ナンバーワン・ソングを抱えるのは誰だろう? テイラー・スウィフト? ドレイク? それともケイティ・ペリー? このうち誰も正解ではない。「SOS」(2006年)から「Work」(2016年)まで、14もの首位記録を持つリアーナこそ頂点だ。というか、世代を限定する必要性もあまりない。Billboard HOT100において、彼女を超えるナンバーワン記録保有者は**ビートルズ**と**マライア・キャリー**のみ。1988年バルバドスに生まれたロビン・リアーナ・フェンティは、20代にして**エルヴィス・プレスリー**やマイケル・ジャクソンを超える歴代3位のナンバーワン・ヒッターとなった(2019年9月現在)。

歌い手として、リアーナの最大の武器は声だ。音域は狭いものの、マドンナやブリトニー・スピアーズに匹敵する個性的な声質を持っている。いわゆる「技巧派」というわけではないので、「歌が下手なポップスター」にカウントされることも多い。ゆえにヒットを連続しようと軽んじられることも多々あったが、トップを走りつづけた結果、2010年代後半には「21世紀で最も影響力のあるシンガー」と評される存在となった。この頃

**ザ・ビートルズ**
1957年、イングランドのリヴァプールで、ジョン・レノンが前身バンド「ザ・クオリーメン」を結成し活動をスタート。1960年に「ザ・ビートルズ」に改名して以降、1970年の解散まで数々の名曲/名盤を世に送り出した。言わずと知れた、20世紀を代表する音楽グループ。2010年代においても、ワン・ダイレクションやBTSなど、英米シーンでヒットしたボーイグループは「新たなビートルズ」として讃えられる風習がある。

**マライア・キャリー**
1969年または1970年、ニューヨーク州ハンティントン生まれ。1990年に"5オクターヴの歌姫"というキャッチフレーズでデビュー。これまでに2億枚以上のアルバ

には、アメリカのラジオを回せば「リアーナっぽい歌い方」に出会えるポップシーンが形成されていた。

音楽メディアPitchforkはジャスティン・ビーバーのナンバーワン・ヒット曲「Sorry」のブレッシーでか細く訴えるかのような歌唱、ロード「Green Light」冒頭における囁むような歌い方を「リアーナのドッペルゲンガー」として例示している。ほかにも、**メジャー・レイザー**のサマーアンセム「Learn On」の合唱、セレーナ・ゴメス初のトップ10ヒット曲「Come & Get It」はまさしくリアーナ・スタイル（というか、ともにリアーナのために書かれたもののボツにされた曲だった）。

リアーナの声には、さまざまなジャンルに適合する、強烈かつ柔軟な個性がある。実際、彼女はポップスターとして数多のサウンドに挑戦してきた。EDM、R&B、ダンスホール、トラップ、ラップ、ロックにジャズまで、その歌声によってポップ化させていき、怒涛のヒットを連続させたのである。NPR記者ジェニー・ガスライトは「リアーナがリスクを負うアーティストに見えない理由は、それらの挑戦がすべて成功に終わったためだ」と主張した。つまり、彼女が手をつけたスタイルは、次々とポップシーンの主流になっていったのだ。



ムセールスや、数多のアワード受賞歴を誇る。1994年にリリースした楽曲「All I Want for Christmas Is You（邦題：恋人たちのクリスマス）」は、ホリデーシーズンの定番曲として世界中で愛されつづけている。「妖精の世界の住人だから年齢の概念はない」と主張しているが、「永遠の17歳」と語ったり「12歳」と言ったり、設定にはバラつきがある。

**エルヴィス・プレスリー**
1935年、ミシシッピ州テューペロ生まれ。1954年に「That's All Right」で歌手デビュー。1956年のシングル「Heartbreak Hotel」がヒット。シンガー／俳優として活躍し、売り上げたレコード枚数は推定30億枚ともいわれている。1977年に不整脈で逝去。享年42歳。好物であったベーコン、ピーナツバター、バナナをサンドした豪快なサンドウィッチは今なお「エルヴィス・サンド」として親しまれている。

## 「クイーン」ビヨンセと「バッドギャル」リアーナ

結果とは裏腹に、キャリアを歩みはじめた頃のリアーナは大成が期待される存在ではなかった。ティーンエイジャーの頃母国バルバドスでスカウトされた彼女は、アメリカへ渡りDef Jam Recordingsと契約したものの、ラッパーのジェイ・Z含む当時の幹部たちはほかの新人をプッシュしていた。当時大人気だったジェイの恋人でありのちの妻ビヨンセと似ている**ティアラ・マリー**こそ大スターになると考えていたのだ。しかしながら、当のビヨンセは、新人たちのショーケースを見て、周囲が予期せぬ言葉を漏らす。「リアーナって子がすごい（She's a beast）」その一言で風向きは一変したという。なんとも興味深い逸話だ。21世紀最初の20年を代表する黒人女性スターはビヨンセとリアーナで間違いない。その道筋が、ほかならぬ2人の出会いによって拓かれただなんて、なんとも運命的である。さて、ここでひとつ興味深いのは、後輩のリアーナがビヨンセと真逆のブランドであることだ。

ビヨンセといえば歌も踊りも凄まじく上手い「パーフェクトを超えたパーフェクト」大統領夫人にまで「クイーン」と呼ばれる存在だ。肌を露出する表現やゴシップ需要の高

**メジャー・レイザー**
2009年結成。ディプロ、ウォルシー・ファイア、エイプ・ドラムスという3人のDJ／プロデューサーから成るグループ。中心メンバーのディプロは、ビヨンセやブルーノ・マーズなど多くの大物アーティストのリミックス／プロデュースを手掛けている。2015年のヒット曲「Lean On」は当初リアーナをボーカリストに迎えることを想定してつくられたが、本人にオファーを断られたという。ディプロが自作曲をリアーナに歌ってもらうべく再度チャレンジした際には「空港でかかってるレゲエみたい」と一言レビューを食らって死にたくなったらしい。

**ティアラ・マリー**
1987年、ミシガン州デトロイト生まれ。12歳の頃から本格的にシンガーとしての活動を始め、16歳という若さでDef Jam Recordingsと契約を果たす。2005年にアル

い家族危機を持ち出す際も、ジェンダーや人種といったソーシャルイシューと明瞭に結びついている場合が多い（当該章参照）。私生活にしても厳密に守られているし、ヴァージンを捧げた相手は夫のジェイ・Zだと示唆したこともある。

対して、リアーナは歌が上手いスターとはいえないし、ほぼ全裸のような格好やミュージックビデオを連発、私生活では「ゴシップやドラッグがはびこる音楽スター界隈」を象徴するかのように派手に遊んできた。タイ観光を楽しむ様子をソーシャルメディアにアップしたことで逮捕者を出したこともある。Twitterで実況した過激セックスショーを筆頭に、彼女が遊び歩いた観光イベントは違法なものばかりだったため、タイ当局に検挙されたのだという。セックスシンボルとしても名高いが、一夜限りの関係については「性欲はあるけど翌朝になって虚無感に苛まれるからやらない」と失敗談をほのめかしつつ語る正直さを併せ持っている。

ビヨンセとキャラが被らなかったからこそ、リアーナは「2人目の女王」になれたのかもしれない。生ける神話のような「クイーン」過激な反抗精神の「バッドギャル」どちらも普遍的な需要がある。しかしながら、これまた面白いことは、結果的にリアーナがビヨンセと並ぶフェミニズム的評価を獲得し、それを活かして「最も裕福な女性ミュー

バム『Roc-A-Fella Records Presents Teairra Mari』をリリースしたが、セカンドアルバムの制作中に契約を解除されるという憂き目に遭う。ビヨンセが所属したグループ「デスティニーズ・チャイルド」の楽曲をリアーナとともにカバーしたこともある。

ジシャン」にのぼりつめた顛末だ。

## 「可哀想な被害者」レッテルの除去

話を戻そう。ジェイ・Zとビヨンセに認められたリアーナは、最初は「親しみやすい女の子」イメージで売り出されていたものの、2007年リリースの3rdアルバム『Good Girl Gone Bad』によって「バッド・ガール」へイメージを転換させた。なかでもジェイをゲストに迎えた「Umbrella」(2007年)は大ヒットを記録し、まだティーンエイジャーだった彼女にグラミー賞をもたらしている。

しかしながら、世間が注目したのはその次のグラミーだった。2009年、同アワードでパフォーマンスする予定だったリアーナは、当時の恋人であり「R&B界のプリンス」**クリス・ブラウン**と前夜パーティーに出席。その帰り道の車中、クリスに暴行され、血まみれの状態で発見されたのである。救急隊が駆けつけた頃にはクリスは消えていた。若き音楽スター同士のDV事件で世間が大騒ぎしたことは言うまでもない。後日出頭したクリスは5年間の保護観察処分を受け「言い訳しようがない」と謝罪した。

**クリス・ブラウン**
1989年、バージニア州タッパハノック生まれ。2005年にリリースしたシングル「Run It!」がヒット。以降もヒット曲を連発し、トップスターの仲間入りを果たす。アニメやゲームが好きで、『ドラゴンボール』や『星のカービィ』の大ファンであることを公言している。そのためか絵も上手く、日本アニメの萌え系美少女もストリートアート風に描いたことがある。

事件後、音楽界に復帰したリアーナは、4thアルバム『Rated R』にてダークなエッジィさに磨きをかけ、2010年にはポップアンセムを揃えた5thアルバム『Loud』をヒットさせる。この頃にはすっかり「バッドギャル」と化しており、ファッションアイコンとしても実績を築きつつ、公然と大麻を吸いながら肌の露出も増やしていた。たとえば、10曲目のナンバーワンに輝いた「S&M」のミュージックビデオでは、四つん這いの男性を犬に見立てて散歩させるリアーナの姿がある。この過激なビデオが複数のプラットフォームで規制を受けたのちにリリースされた「Man Down」はさらに複雑な議論を呼ぶ。映像中、リアーナは自身に性暴力を加えた男を銃で殺している。世界一有名な「DV被害者女性」である彼女自身の怒りとリンクする内容であることは明らかだった。膨大なティーンエイジャーのファンを抱える若年ポップスターが「被害者による加害者殺害」を描いた本作は、もちろん賛否両論を呼んだ。

さらに「We Found Love」(2011年)のミュージックビデオでは、クリス・ブラウンによく似た男とのドラッグにまみれた有害な関係、そこからの脱出を描き、人々を驚愕させる。これら過激な作品群の成果があるとしたら、そのひとつは「可哀想な被害者」レッテルの除去だろう。2012年、拳銃のタトゥーを入れた彼女はこのように語っている。

「私の人生になにが起こったのか、みんな知りたがってる。彼女ってドラッグ中毒なの？　違う。アルコール依存症？　違う。被害者？　違う。だから、私は銃のタトゥーを入れた。これは強さのシンボル。私は絶対に被害者なんかにならない」

　同年、彼女は当のクリスと復縁し、2人揃ってバッシングされるなか「あなたたちには関係ない」と宣言するコラボ曲「Nobody's Business」をリリース。それを収録したアルバムのタイトルは『Unapologetic（悪びれない）』だった。

## ポップのポルノ化？

　2013年から中盤にかけて、ポップシーンではフェミニズムや「ありのまま」な多様性肯定が大流行していた（『レディー・ガガ』、『BTS』章参照）。しかしながら、クリス・ブラウンと再度破局したリアーナはその本流に乗らなかった。かわりに、アンダーグラウンドなオーラが漂う「Pour It Up」ミュージックビデオにてストリッパーのようにトゥワーク（挑発的に尻を触るダンス）して「吐き気をもよおす不快」などと評されたことで、フェミニストたちにも賛否両論を起こす。たとえば、女優**ラシダ・ジョーンズ**は、本作を「ポップのポルノ化」だと批判した。一方、「伝統的フェミニズムには反す

**ラシダ・ジョーンズ**
1976年、カリフォルニア州ロサンゼルス生まれ。父親はミュージシャンのクインシー・ジョーンズ、母親は女優のペギー・リプトン。ハーバード大学を卒業したインテリである。1997年にテレビシリーズ

るかもしれないが、リアーナは黒人女性のセクシュアリティやセックスワーカーの表現を祝福した」とする称賛も出ている。

こうした「ポップシーンにおけるフェミニズムと性的表現」トピックは、2014年、フェミニズム宣言を繰り出したビヨンセがトゥワークしたことでひとつの頂点を迎える。女性の性的表現は、男性優位社会のネガティブな産物か、それとも女性が主導権を持って自己を誇る主体的行動なのか……等々。「トゥワークはフェミニズムではない、ただの性的な行為。幼い子どもに悪影響」と批判した大御所歌手**アニー・レノックス**が黒人文化への無理解を指摘されて釈明する騒動も起きた。フェミニズム議論が一筋縄でいかないことを示す一例だが、そのポップカルチャー化が加速していた当時、ブラックネスに身体的自由を表現してみせたビヨンセに追い風が吹いていたことは言うまでもない。

一方、リアーナは、露出表現を大胆にグレードアップした。権威あるCFDAアワードのファッションアイコン部門授与式にて「Naked Dress」と呼ばれる「ほぼ全裸」なドレスを披露したのだ。スワロフスキーをちりばめたシースルー素材だったため、乳首とショーツが丸見えだった。好戦的なスピーチも話題を呼ぶ。「私にとってのファッションは、ずっと防衛のメカニズムでした。子どものときすらこう思っていました。〝彼女が

『The Last Don』で女優デビュー。コメディ番組『パークス・アンド・レクリエーション』への出演で知られている。2019年、彼女の息子の父親でもあるヴァンパイア・ウィークエンドのエズラ・クーニグがアルバム『Father Of The Bride(花嫁の父親)』をリリースした際、一部の人々から「クインシーの顔しか浮かばない」とツッコまれた。

**アニー・レノックス**
1954年、スコットランドのアバディーン生まれ。1980年にデイヴ・スチュワートとともに「ユーリズミックス」を結成。1983年に楽曲「Sweet Dreams (Are Made of This)」が大ヒットし、人気を獲得した。音楽活動と並行して、エイズ撲滅やフェミニズムなどの社会運動にも取り組んでいる。メンズスーツを筆頭に、ジェンダー規範をぼやかすようなファッションスタイルも後代に大きな影響を与えた。

私を倒せたとしても私の服は倒せない〟」当時ポップ・シーンで大流行していた「ありのまま（あなたはどんな姿だとしても美しい）」肯定と別の道筋を行っていた。

## フェミニズムか、暴力ポルノか

そして爆弾が落とされる。2015年にリリースされた「Bitch Better Have My Money」は、2010年代最もコントラバーシャル（物議をかもす内容）だったミュージックビデオのひとつだろう。ギャングのような姿のリアーナが、復讐相手の妻の白人女性を誘拐し、全裸に剥いて拷問にかける成人指定の内容だった。当然のごとく、ジェンダー表象の面で賛否が割れた。女性への暴力をフェティッシュに映す表現は元々批判されやすい。英Guardianに至っては、ビデオが公開された同年7月「ただのミソジニー」とする論考から「主導権を持った黒人女性による復讐ファンタジー」との称賛まで、論争にまつわる記事を4つもリリースしている。

この作品はフェミニズム・プロテストなのか？　それとも女性差別的な暴力ポルノなのか？　当人からすると、どちらでもなかった。ビデオのリリースから半年ほど経ったとき、インタビューに応えた彼女は、そうした批判を気にしないと語った。「これは女性をエンパワーメントするビデオじゃない。私がつくったのはアートピース」翌年、彼女はまたしても男性を殺害するミュージックビデオ「Needed Me」をリリースした。この頃にはひとつの評判が広まっていた。「リアーナは自分の好きなことをやる女性」だと。

## 自分自身でいるということ

2016年にリリースされた6thアルバム『ANTI』に倣うように、リアーナは「アンチ・ロールモデル」を名乗りだす。この頃にはすっかり、彼女に対する評価は上がっていた。実際、まるで音楽キャリアをなぞるかのように、かつて激しい賛否を呼んだヴィジュアル表現や言動がニュースタンダードとして定着しつつあったのだ。

『BTS』章で紹介しているような「親近感のわくセレブリティのソーシャルメディア投稿」の第1陣は、ダーティな遊びを頻繁にポストしながらファンと喧嘩までするリアーナだったとされる。トップスターにして「嘘をつかず本音を語っている」と思わせる信頼性、またその像への憧れは、セレブの嘘をも露見させるソーシャルメディアの普及によってより増加しただろう（『キム・カーダシアン』章参照）。大麻を公然と吸いはじめた際には批判も受けたが、アメリカの複数の州で大麻合法化の流れが進んだ頃には

「バッドボーイの持ち物とされてきたマリファナをノーマライズした女性アイコン」としての側面に注目が集まった。

「Pour It Up」で問題視された女性ストリッパー像にしても、ストリップ業の経験を持つラッパー、カーディ・Bのブレイクや、彼女も出演した映画『ハスラーズ』（2019年）のヒットによって、2010年代末には「フェミニズムなバッドヒーロー」としての需要が築かれた。

全裸ドレス姿のリアーナが掲げた「防衛メカニズムとしてのファッション」は「ありのまま」旋風のあとのムーブメントに適したものだった。たとえば2019年、ビリー・アイリッシュが定番としたビッグサイズなパンツスタイルは、容姿をジャッジされやすいソーシャルメディア上で防御壁になる機能を備えていた（『ビリー・アイリッシュ』章参照）。このビリーに大きな影響を与えたものは、ファッションを防衛の手段とするリアーナのスピーチだったという。

そしてなにより、彼女が波乱万丈のキャリアによって示した「自分自身であること」、回り回って「自己受容」のテーゼは、トランプ政権期に非常に重要なものだった（『アリアナ・グランデ』章参照)。2016年、BET's Black Girls Rock!において、リアーナは若い女性たちに向けて、珍しく「ロールモデル」を意識した演説を行っている。

「正気と謙遜、成功を保ちつづける方法、それは自分自身でいることでした。私はそれしか知りません。この巨大な世界は時に混乱するので、あなたを忘れやすくさせます。社会によって貶《おとし》められることもあるでしょう。前進を続けるには、己でいつづけるしかありません。自分を愛することができたそのとき、ほかの何者かになりたいとは思わないでしょう」

「ただ自分自身でいてください。これは最も簡単なことです」

## フェミニズム至高のアイコン

2017年ごろ、リアーナは自身のラストネーム「Fenty」を冠した化粧品や下着、アパレルのブランドをローンチしていく。これらFentyブランドの信念は「包括性」だ。ランジェリーブランドSAVAGE X FENTYは、さまざまな肌の色、体形の人々をモデルに採用したセクシーでエッジィなショーが話題を集めた。これらの活動がフェミニズムとして絶賛されたことは言うまでもない。

Fentyブランドの成功により、2019年、リアーナが「世界で最も裕福な女性ミュージシャン」になることが決定した。2010年代ポップカルチャーを振り返ってみると、Fentyブランドの成功はなかなかに面白い。セレブリティとして、リアーナは主流の「多様性」肯定ムーブメントに乗ったわけではなかった。それどころか、そうした潮流に反するような行動もとって批判も呼んでいる。それにもかかわらず、2010年代の終わりには、最上の「包括性」シンボルとして巨万の富を築き上げたのだ。

時に人々を不快にさせてきたリアーナが築いた「社会の抑圧や常識にとらわれず好きなことをやる女性」像は、男性優位社会で働く女性たちにとってのひとつの理想像だったのである。だからこそ、多くの消費者がFentyブランドの包括性のメッセージを信じて商品を購入していく。もしかしたら、記号的なアイデンティティ・ポリティクス表明が溢れる時代、そうした言葉なきままに信頼を形成していった存在なのかもしれない。自分の好きなことをやるリアーナのスター像には、時代精神のみならず普遍性が宿っている。ソーシャルメディアが普及する以前から、人々は本心や「好きなこと」の表明を恐れてきたのだから。

# ワン・ダイレクション

## アイドルの交際ビジネス

# One Direction

## 破局ソング合戦

恋愛禁止条例。その是非はともかく、2010年代の日本ショービズでよく知られた暗黙の掟、それが「若年アイドルは恋愛する姿を見せるなかれ」だろう。こうした傾向は、人それぞれとはいえ、グローバル現象となったK-POPの一部でも散見される。2010年代のアメリカではこうした「アイドル」概念は浸透していないが、ジャスティン・ビーバーのような若手ポップスターや、ワン・ダイレクションを筆頭としたボーイグループはそれと似た人気を博している。「西洋アイドル」ともいえる彼らの恋愛事情はどうなっているのだろう? 答えは、ファンの大部分が異性のティーンエイジャーで占められていようと「恋愛ご法度《はっと》」の向きはあまり見られず、オープンにデートする人気者が多い。それどころか、セレブリティ同士の交際をビジネスにする一面がある。

2010年代、アメリカでも絶大な人気を博したイギリスのボーイグループ、ワン・ダイレクションのメンバーたちは、全盛期のさなかでも公然とデートを繰り広げていた。**ゼイン・マリク**は、人気ガールグループの**リトル・ミックス**の**ペリー・エドワーズ**と……つまりはアイドル同士で公に交際し、婚約までしていた。**ルイ・トムリンソン**のように、

**ゼイン・マリク**
1993年、イングランドのウェスト・ヨークシャー州生まれ。2010年にオーディション番組『The X Factor』に参加し、ほかの参加者とともに「ワン・ダイレクション」を結成。2015年にはグループを脱退し、ソロアーティスト「ZAYN」としての活動をスタートした。グループ在籍時、交際していたペリー・エドワーズを模した大きなタトゥーを腕に入れた。2018年には、当時交際していたモデルの恋人ジジ・ハディッドの目と思われるタトゥーを胸にイン。恋人の存在を身体に刻むたび、

一般人と付き合ったメンバーも存在する。

グループのエース的存在だったハリー・スタイルズに関してはゴシップに事欠かないモテ男として知られており、モデルのケンダル・ジェンナーなど、多くのセレブリティと浮き名を流してきた。なかでも、最も有名な交際相手はアメリカの人気歌手テイラー・スウィフトだろう。2013年当時、それぞれ圧倒的なティーン人気を誇る男女が織りなすロマンスは大きな話題を呼び、本人たちの宣伝になるばかりか、メディアのふところすら潤した。このビッグビジネスは破局後も続くこととなる。テイラーもハリーも、お互いを糾弾するような楽曲をリリースしていったのだ。先にしかけたのは失恋ソングの名手テイラー。2012年にリリースした曲「I Knew You Were Trouble」では、ハリーと思わしき相手を辛辣に批判している。

「私のことどうでもよさそうなところも好きだった
でもあなたは私が大変なときも一歩ひいて／一緒にいてくれなかった
別れてだいぶ経ってから／責めるべきは自分だと気づいた
だって、最初からあなたはトラブルだって知ってたんだもの！」

破局の懸念をファンに心配されている。

**リトル・ミックス**
ジェシー・ネルソン、レイ・アン・ピノック、ジェイド・サールウォール、ペリー・エドワーズの4人によるガールグループ。2011年にUKの人気オーディション番組『The X Factor』で番組史上初のグループ優勝を果たし、デビューシングル「Cannonball」とシングル「Wings」が2曲連続で全英チャート初登場1位を獲得している。

**ペリー・エドワーズ**
1993年、イングランドのタイン・アンド・ウィア生まれ。ゼインとの破局後にリリースした「Shout To My Ex」の歌詞は「彼の今の彼女が私みたいにベッドで演技してないといいけど」と辛辣な内容。「今の彼女」とは、当時ゼインと交際していた人気モデル、ジジ・ハディッドのこと。

名指しすらしていないものの、このあともテイラーはハリーを糾弾するような楽曲をリリースしていった。たとえば、2014年の大ヒットアルバム『1989』に収録された「Style」はそのままハリーの名字スタイルズを彷彿《ほうふつ》とさせるタイトルになっている。「Out of Woods」では「あなたがブレーキを早くひきすぎたから病室で20針も縫った」と歌われるが、これは、このとき初めて明かされたハリーとの実話である。彼女いわく、旅行中スノーモービルに乗って事故を起こして行く羽目になった救急病院にて、ハリーは泣いてしまったとか……。もはや楽曲自体がゴシップメディアの役割を果たしている。辛辣な曲を書かれつづけたモテ男のハリーも黙ってはいなかった。ワン・ダイレクション名義で2015年にリリースされた楽曲「Perfect」にはこんなラインがある。

「もし破局ソングをつくるための相手を探してるなら
ベイビー／僕こそパーフェクトだ！」

このラインが「何度も失恋にまつわる曲をつくってきたテイラーへの皮肉だ」と世間を騒がせたことは言うまでもない。

**ルイ・トムリンソン**
1991年、イングランドのサウス・ヨークシャー生まれ。俳優としてキャリアをスタートし、「ワン・ダイレクション」のメンバーとしてブレイク。2016年のグループ活動休止後はソロアーティストとして活動し、2018年には『The X Factor』に審査員として参加した。プロのサッカー選手としての活動でも知られている。彼とハリー・スタイルズの「BL」カップルは絶大な人気を博し、英語圏ファンフィクション界隈の象徴的存在となった。2019年のティーンドラマ『ユーフォリア／EUPHORIA』内でアニメ化までされている。

**ビッグ・ショーン**
1988年、カリフォルニア州サンタモニカ生まれ。12歳の頃にラップを始め、2011年にアルバム『Finally Famous』でデビュー。2019年には鬱病に苦しんでいることを自身

## 全米3位の浮気ソング

どこまで「アイドル」的といえるかは迷いどころだが、アメリカのポップスター界において「破局したセレブについて歌う楽曲」は定番化している。たとえば、2000年代初頭に人気を博したボーイグループ、インシンクのジャスティン・ティンバーレイクは、当時のトップスター、ブリトニー・スピアーズとオープンに交際した。絢爛《けんらん》の時代を象徴するビッグカップルだったわけだが、2002年には破局。その後、ジャスティンはスキャンダラスなソロ曲「Cry Me a River」のリリースに踏み切った。

「君がなにをしたかなんて言う必要はない／すでに知ってるんだ」
「橋は焼け落ちた／今度は君が泣くターン」

ミュージックビデオも過激だ。映像中、ジャスティンは浮気しているらしき恋人の豪邸に不法侵入してほかの女性と性行為に至る。それを撮ったテープを見せつけられた豪邸の主は、ブロンドで、キャスケット帽とジーンズが似合っていて……明らかにブリトニーをモデルにしている！　当時はクリーンなイメージだった女性ポップスターの浮気

のソーシャルメディアで告白。アリアナの「thank u, next」がリリースされたあと、アンサーソングのような「Single Again」を発表し、自身の問題に取り組む意思をラップした。

**ピート・デヴィッドソン**
1993年、ニューヨーク州スタテンアイランド生まれ。16歳でスタンダップコメディアンとしてステージデビュー。シニカルなジョークでファンを増やし、若くして人気テレビ番組『サタデー・ナイト・ライブ』のレギュラーの座を獲得した。一時期はアリアナ・グランデと婚約していたが、婚約破棄後は20歳年上の女優ケイト・ベッキンセールや8歳年下のカイア・ガーバーと浮き名を流してモテ男セレブのダークホース枠に君臨した。

を糾弾するかのような本作は、大きな話題となったあとBillboard HOT100の3位に輝くヒットとなり、ジャスティン・ティンバーレイクのソロキャリア成功の一助となった。奇遇なことに、彼のあとを継いだ存在は、同じ名を持つカナダ出身者ジャスティン・ビーバーだ。彼の場合、同じ「アイドル」的人気を誇った歌手セレーナ・ゴメスとの恋愛関係で有名である。このカップルは何度も付き合っては別れたこともあり、お互いに破局相手の存在をほのめかす楽曲をリリースしつづけている。前出したリトル・ミックスのペリー・エドワーズも、元婚約者ゼインのセックステクニックを罵倒する過激な楽曲を出した。その名も「Shout To My Ex」英語で「ex」は「元」を指すため、直訳するならば「元恋人に叫ぶ」となる。まぁ、そのままの意味だ。

2018年には、有名な元恋人を名指ししていくポップソングまで登場している。アリアナ・グランデによる「thank u, next」では、ラッパーの**ビッグ・ショーン**からコメディアンの**ピート・デヴィッドソン**まで、4人の元カレの名前が挙がっていく。ただし、その内容は糾弾ではない。むしろその逆で、破局相手一人一人に感謝をしていく前向きな方向性だった。この異例の失恋ソングが好評を博したことは言うまでもない(『アリアナ・グランデ』章参照)。称賛に包まれたアリアナは、本曲によってキャリア初のHOT100ナンバーワンを手にしている。



**トム・ヒドルストン**
1981年、イングランドのロンドン生まれ。マーベル映画『マイティ・ソー』シリーズおよび『アベンジャーズ』シリーズでメインキャラクターであるソーの弟ロキを演じ、世界的な知名度を獲得した。日本では「トムヒ」という愛称で親しまれている。テイラー・スウィフトとの交際時には、「I ♥ Taylor」と記されたタンクトップでテイラーと抱き合う姿がファンに衝撃を与えた。

**ゼッド**
1989年、ロシアのサラトフ生まれ。ドイツのカイザースラウテルンで育つ。有名アーティストのリミックスなどを手がけて知名度を上げ、2012年にリリースしたデビューアルバム『Clarity』がヒット。セレー

## 「ヤラセ交際」疑惑

それぞれの想いは別として、セレブリティ同士のカップルは話題になり、マネーとなる。素敵な恋愛に憧れるティーンから支持されるスターならば尚更だ。ゆえに、こうした輝かしき恋人たちには「PRのためのヤラセ（Publicity Stunt）」疑惑の目も向けられやすい。たとえば、ハリー・スタイルズ含む多くの男性スターと交際しては破局ソングをリリースしていったテイラー・スウィフト。あまりに繰り返しすぎたこともあって、2016年には、俳優**トム・ヒドルストン**との交際が「明らかにヤラセ」だとして嘲笑の標的になってしまった。2人の交際には3カ月ほどで終止符が打たれたが、「『007』シリーズでジェームズ・ボンド役を射止めるために偽装交際した」と噂されたトムは、雑誌インタビューでわざわざ「愛は本物だった」と弁解する羽目に陥った。セレーナ・ゴメスにしても、人気DJの**ゼッド**と交際してコラボ曲までリリースした際には、彼と敵対関係にあった**ディプロ**から「2人の交際はレコード会社が稼ぐための仕込み」だと言い放たれている。

2010年代の終わりには、究極のPR「疑惑」カップルも爆誕した。うら若き「アイ

ナ・ゴメスとの交際は、コラボ曲リリースから1カ月程度で終了した。本人いわく、トップスターのセレーナと交際したことで家族や友人までパパラッチの被害に遭ってしまい憔悴したとのこと。

**ディプロ**
1978年、ミシシッピ州テューペロ生まれ。大学在学中にラジオDJとしてキャリアをスタートし、ペンシルベニア州フィラデルフィアで本格的にDJ活動を開始。ソロ名義以外にもEDMグループ「メジャー・レイザー」やスクリレックスとのデュオ「JACK Ü」など、さまざまな形態で活動して大きな成功を収めている。過激なジョークを言うことも、言われることも多い。元恋人ケイティ・ペリーによる「元彼3人のベッド内テクニック格付け」において最下位とされた際は「セックスオリンピックで銅メダルを受賞」とツイートして切り返した。

ドル」的ポップスター、ショーン・メンデスと**カミラ・カベロ**が、コラボレーションソング「Señorita」リリース直後となる2019年7月、熱い熱いデート写真をパパラッチされるようになったのだ！　当人たちは深くは語らないスタンスで通したが、プールでのディープキスなど、関係を公にしないセレブリティとしてはあまりに鮮明な写真が出つづけたため、またたくまに「ヤラセ」疑惑が噴出した。「このままコラボ曲が1位を獲れなかったら公開セックスをしでかす」と揶揄する声も出ていたが、熱い夏が終わる8月終わりには、ショーンにとって初のナンバーワンを獲得した。その後も事件は続く。繊細でクリーンなイメージで通っていたショーンは、ファンに対して「恋愛について明かしたいけど自分一人でやっていることではないから（君たちに語れない）」と説明していた。しかし、それから数週間経ったあと、彼は少なくないファンを絶叫させる動画をInstagramにポストした。カミラとともに「僕らのキスが魚みたいだって馬鹿にされてるからお見せします」と宣言し、互いの顔を舐め合い貪るようなキスを見せつけたのである。SNSユーザーやファンを騒がせたこのビデオと同日には、カミラの新曲のミュージックビデオが公開されている。タイトルはずばり「Liar（嘘つき）」……。後日、ショーンのほうはゴシップメディアTMZに突撃されるかたちで「交際はヤラセなのか」と問われることとなったが、真実がどうあろうと、2人がカップル関係を上手くプロモーションに利用した点は事実だろう。この事件が起こる前年、ショーンは北米で

**カミラ・カベロ**
1997年、キューバのハバマ生まれ。2013年、ガールグループ「フィフス・ハーモニー」のメンバーとしてメジャーデビューし、2016年に脱退。2017年には故郷ハバマについた歌ったソロ名義のシングル「Havana」がヒットし、ラテン系ポップスターの地位を確立した。

**チャーリー・プース**
1991年、ニュージャージー州モンマス郡生まれ。ポップスター的な人気を博しつつ、有名アーティストに楽曲提供も行うシンガーソングライターとして活躍。本人いわく、2016年にセレーナ・ゴメスと交際しながらコラボ曲「We Don't Talk Anymore」をリリースしたが、「セレーナの心にはほかの誰かがいた」ために破局。同年、コンサートにて「ファック・ジャスティン！」と叫んだことがある。

も人気を博すK-POPグループBTSについて「あそこまで強力なファンダムをどうやったら持てるのか」をアメリカ出身のアーティスト、**チャーリー・プース**と語り合ったという。結果的には、同グループとはやや反対の、かなりアメリカ的なやり方でキャリアアップをはかったわけだが。

セレブリティ同士の交際が盛んなぶん、そのヤラセ疑惑が絶えないアメリカだが、逆のパターンも存在する。2013年、人気ドラマ『デスパレートな妻たち』の主演女優の一人として知られる**エヴァ・ロンゴリア**は、有名企業家**エルネスト・アルゲロ**との交際を認めた。2人の出会いはエヴァがプロデュースしたリアリティ番組で、エルネストはその出演者だった。当時、この2人の交際はたびたび報じられていたが、エヴァはただの友人関係だと否定しつづけていた。しかしながら、あくまでも彼女いわく、あまりに恋仲だと報道されつづけたため、互いを意識しはじめ、ついには交際に発展したそう。「メディアに感謝しなくちゃね……私たちすら気づいてなかったものを催促してくれたんだもの!」ゴシップが生む愛もあるようだ。

**エヴァ・ロンゴリア**
1975年、テキサス州コーパスクリスティ生まれ。1999年にテレビに初出演してキャリアを開始。『デスパレートな妻たち』で共演したベテラン女優フェリシティ・ハフマンが娘の大学受験で不正をした疑惑で逮捕された際、裁判で「彼女は私をイジメから助けてくれた人格者」だと証言した。

**エルネスト・アルゲロ**
1979年、テキサス州生まれ。キューバ系とニカラグア人の難民の両親のもとに生まれる。マイアミ大学卒の起業家。2013年の春に放送された『バチェラー』的なリアリティ番組『Ready for Love』に「結婚相手を探すホットなお金持ち男性」として参加。そのなかで交際に至った女性参加者と破局したのち番組プロデューサーであるエヴァ・ロンゴリアとの恋愛関係を発表した。つまり、2人の交際はまあまあスキャンダラスだった。

## アメリカにおける「アイドル」概念

2010年代後半、K－POP人気が高まったアメリカにおいて、メディアは「アイドル」なる概念を解説する必要があった。同国における「idol」とは単に「憧れ」を指す場合が多い。そのため、2019年Refinery29のK－POPガイド記事には、こんな説明が掲載された。

「idol：トレーニングを積んで公式デビューしたK－POPグループの人物を指す。基本的には"K-pop star"の意味」

ちょっと説明たらずかもしれないが。

ちなみに、2020年、アニメ好きで知られるカナダのシンガー・ソングライター、**グライムス**は「IDORU」という楽曲をリリースしている。ストレートに日本語の「アイドル」を指すこちらのワードは意訳が難しいが、The New York Timesにおいてこのような説明をされた。

**グライムス**
1988年、カナダのブリティッシュコロンビア州生まれ。学校の授業で音楽制作ソフトを使ったことをきっかけに作曲をスタート。自主制作でインターネットにアップした楽曲が話題を呼び、2012年リリースのアルバム『Visions』がヒット。2015年に発表したアルバム『Art Angels』は各方面から称賛を浴びた。幼い頃より日本アニメやゲームのファンで、「IDORU」ミュージックビデオでは『少女革命ウテナ』やビデオゲーム『ニーア オートマタ』の映像が使用されている。

「よく点検されて製造されるポップアイドル。消費者からの崇拝を目的とする、新たなる神」

……神!?

日本語における「アイドル」とちょっと似ている米語のひとつに「Popstar」がある。字義どおりポップミュージックで成功したスターを指すものだが「商業的で真の音楽家ではない」イメージも付随《ふずい》しやすいため、代表格であるマドンナやジャスティン・ビーバーは「ポップスターと呼ばれたくない。自分はアーティストだ」と発言したりしている。また、ワン・ダイレクションやリトル・ミックスのような、同性だけで構成された「Boy/Girl Band/Group」はより日韓のアイドルグループと似ている。そのため、BillboardやCNNなどの米メディアでは、K-POPグループの**BLACKPINK**は「Girl Group」と記述されがちであるし、BTSやAKB48が「Boy/Girl Band」と表記されたりもする。2020年代、K-POPなどのアクトが人気を拡大していった場合、こうした言葉遣いや文化も変わっていくかもしれない。

**BLACKPINK**
ジス、ジェニー、ロゼ、リサによって結成された4人組K-POPグループ。2016年に楽曲「WHISTLE」と「BOOMBAYAH」でデビュー。アジアのみならず英語圏でも人気が高く、2019年にはK-POPガールグループとして史上初めて「コーチェラ・フェスティバル」のステージに立った。2017年、所属するYGエンターテイメントより恋愛のみならず美容整形も禁止されている旨が報道されて一部で話題になった。

# ブリトニー・スピアーズ

崩壊した
アメリカンドリーム

# Britney Spears

## 働きなさい、ビッチ

「I AM THE AMREICAN DREAM（私こそアメリカンドリーム）」これは、2004年にブリトニー・ジーン・スピアーズが着用したTシャツにプリントされた宣言だ。1981年にミシシッピ州で生まれた彼女は、ロウティーンの頃よりディズニーの番組に出演し、16歳ごろソロ歌手としてデビュー。1999年には1stアルバム『…Baby One More Time』が全世界で1000万枚売れた。**バイブルベルト***と呼ばれる信仰深い地域からショービズ界へ飛び込んだ少女は、おもに白人が信奉するアメリカンドリームの象徴となったのである。それから苦難もあったが、2010年代には復活を遂げ、2013年には労働賛歌をリリースした。その名も「Work Bitch」……ミュージックビデオでは、SMの女王様然としたブリトニーがセクシーに命令する。

「イケてる身体が欲しい？／高級車のブガッディが／マセラッティが欲しい？
なら／ワーク・ビッチ（働きなさい、ビッチ）」
「豪邸に住みたい？／フランスでパーティーしたい？
なら／ワーク・ビッチ／ワーク・ビッチ／ワーク・ビッチ／ワーク・ビッチ

***バイブルベルト**
アメリカの中西部から南東部にかけて複数の州にまたがって広がる地域のこと。プロテスタント、キリスト教原理主義、福音派などが熱心に信仰され、社会的には保守的であり、進化論を教えることが州法で禁じられていたことがあるなど、キリスト教や聖書を巡る論争の絶えない地域となっている。ミシシッピ州、バージニア州、フロリダ州、テキサス州、オクラホマ州、ミズーリ州などが含まれるとされているが「ここからここまでがバイブルベルト」という明確な定義はない。

さぁ仕事にとりかかるのよ！」

「Work」には性行為の意味もかかっているかもしれないが、素直に労働と受けとめるならば、ストレートな労働賛歌になっている。贅沢したかったらよく働け、至極当然だ。ブリトニーが「パーソナルな楽曲」と称したこの歌は、彼女が象徴するアメリカンドリームの提唱でもある。

## ワーク、ワーク、ワーク

アメリカンドリームとはどのような概念なのか。

「アメリカにおいて懸命に働きさえすれば成功する権利が与えられているとする信奉」（ケンブリッジ辞書より意訳）

前提にあるものは「アメリカにいるすべての者に成功のための平等な機会が与えられなくてはならない」とする「機会の平等」概念とされる。この考えは、同国で党派を超えて長らく支持されてきた。必死にがんばりさえすれば、社会の下層に生まれた者でも豊かになれる……要するに、ブリトニー・スピアーズのように豪華絢爛なライフスタイルを手に入れたいのなら、それこそブリトニーのように「働きなさい、ビッチ」ということである。

2013年9月にリリースされた「Work Bitch」は、Billboard HOT100において最高12位を記録した。キャリア最高とはいかないが、まずまずのヒットといえる。しかしながら、このアメリカンドリームなダンスチューンが、数年後、不景気なヒット曲と比較されるとは、本人も予想していなかっただろう。

「ワーク／ワーク／ワーク／ワーク／彼は今やるべきって／ワーク／ワーク／ワーク
彼が見つめてくる／ダート／ダート／ダート……」

「Work Bitch」と同じく「Work」を連呼するこの曲は、ブリトニーの後輩にあたる女性ポップスター、リアーナによる「Work」だ。ラッパーのドレイクを客演に迎えてナンバーワンに輝いた2016年のヒット曲である。こちらの「Work」は「性行為」の意味合いが強く、曲中では、今すぐセックスしようと口説く男とそれを拒もうとする女のやりとりのような詞が交錯していく。ただし、パトワ語でダルめに「Work」と連呼されるため「仕事が憂鬱な気分」を表す楽曲としても愛聴された。「今日もワーク、ワーク、ワーク、休みがない……」といった具合に。さて、面白いことに、2016年の音楽シーンでは、もうひとつ「Work」を連呼する楽曲がヒットしている。

## 絶望的な資本主義への直面

「あなたはいつだって夜勤／でも私は一人の夜なんて我慢できない
言い訳なんていらない／だって／この家ではあなたがボスなんだから
仕事なんて行かないで／ワーク／ワーク／ワーク／ワーク
私の身体でお仕事させてよ／ワーク／ワーク／ワーク／ワーク
私たちお家で仕事できるでしょ？／ワーク／ワーク／ワーク／ワーク」

人気ガールグループ、**フィフス・ハーモニー**による「Work from Home」こちらは労働と性行為のダブルミーニングを利用したお色気ソングだ。夜勤に向かおうとする恋人を引きとめ内職……つまり家で性行為しようと誘う女の心情が歌われている。

「Work」を連呼するフックは「Work Bitch」と共通しているが、この曲のカップルは

**フィフス・ハーモニー**
2012年、イギリスの人気テレビ番組『Xファクター』のアメリカ版から誕生したガールグループ。ラティーナ、アメリカン・アフリカン、ポリネシアンを含むマルチ・カルチュラルなメンバーを擁している。2016年に人気メンバーのカミラ・カベロが脱退し、2018年には各メンバーがソロ活動に専念するため、グループとしての活動を休止している。メンバー同士の恋愛関係を妄想するファンフィクション界隈でも人気が高く、一時はワン・ダイレクションをしのぐ勢いだった。

「Work Bitch」しようと豪邸もランボルギーニも夢のまた夢な境遇にある。リリックを読み解くと、男は夜勤に明け暮れており、旅行など行けず、さらには昇進もできない雇われの身なのである。であるから、女は「あなたの勤務中にやらしい写真をメールしたらクビになっちゃうかも」とセクシーに脅しつつ「この家でならあなたはボス」と励まして誘う。

2016年、リアーナの「Work」がHOT100首位を独走した頃、この内職ソングもグループ最高記録の4位についた。同時期に「Work」を印象的に連呼する2つの曲がヒットしたのである。だからこそ「Work Bitch」と比較する論も登場した。これらの曲に、ブリトニーが誇らしげに体現したアメリカンドリームの色はない。こうした不景気な作品群を受けて、The Atlanticは「2016年のポップミュージックを定義したのは絶望的な資本主義への直面である」と評した。そして、その代表格は、あるひとつの内省的なバラードだった。

## 決して埋まらない経済格差

2016年、DJチームのザ・チェインスモーカーズが女性シンガーのホールジーを客演に迎えた「Closer」は、若者を中心に大ヒットした。HOT100ナンバーワンに10週以上君臨したのみならず、同チャートのトップ5最長滞在記録を58年ぶりに更新するほどの大旋風を巻き起こしている。内容は、大学の同窓会で再会した元カップルが想いを再燃させる内省的なバラード。歌い出しで、男性主人公はこのように語りかける。

「やぁ／今まで結構うまくやってきたよ
酒を飲みすぎてて／それは問題だが／まぁなんとか
君の友達にもよろしく／あいつらとは二度と会いたくないけど
傷つけたのはわかってる／ボロボロの車で引っ越してから／4年も連絡しなかった
今ホテルのバーにいる君はすごく綺麗だ
あぁ我慢できない／だからベイビー／抱き寄せて／もっと近く……
君のレンジローバーのバックシートで／どうせ君が買ったわけじゃないだろ
君の肩のタトゥーを噛む」
「僕らはあの頃となにも変わらない／変わってない」

なんともロマンチックだ。しかしながら作り手によると、これは「別れた恋人と再会したことで破局理由を思い出した人々に捧げられた曲」なのだという。このひねくれた表現は、ある種この曲にピッタリである。なにせ、この曲は若者間の経済格差への恨み節でもあるのだから。

「Closer」は、チェインスモーカーズのメンバー、アンドリュー・タガートの実体験をもとにつくられている。1989年、メイン州ポートランドに生まれたアンドリューは、故郷を離れニューヨークのシラキュー大学に入学した。そこで目にしたものは、親のレンジローバーに乗って通学する裕福な同級生たちの姿。衝撃だった。レンジローバーは英国王室御用達の高級車として知られる。アンドリューは、大学で信じられない経済格差を目の当たりにしたのである。実は、彼にとっての格差の象徴であるこの車は「Closer」にも登場している。もう1度、引用しよう。

「抱き寄せて/もっと近く……君のレンジローバーのバックシートで
どうせ君が買ったわけじゃないだろ」

ここにはノイズがある。ロマンチックな場面なのに、主人公はまるで恨み節のように「どうせ君が買った車じゃないんだろ」と嫌味を吐き捨てている。つまり、彼の元恋人は、親に高級車を買ってもらえるリッチガールなのだ。ほかにも手がかりはある。ボロボロの車に乗っていた情報を見ると、男のほうは、相手ほど金銭的に恵まれた家庭に生まれていない。今ではアルコールの問題も抱えているようだし、卒業後はあまり上手くいってなさそうだ。出会い頭の「君の友達には二度と会いたくない」という攻撃的な表現にしても、元ガールフレンドのこれまたお金持ちな仲間と打ち解けられなかった過去を想起させる。アンドリューが語ったところの「別れた理由」には経済格差があるのだろうし、結局、2人はそれを思い出すのだ。

「Closer」のミュージックビデオは、ホールジー演じる女が追いかけてきた男を無言のまま拒絶するようなシーンで幕を閉じる。この場面のホールジーのなにを言っても微動だにしなそうな表情は主人公の前に立ちふさがるシビアな経済格差を表すかのような名演技だ。2013年、ブリトニー・スピアーズは「ランボルギーニが欲しいなら働け」と歌ったが、2016年、チェインスモーカーズは「働かなくてもレンジローバーに乗れる女との経済格差」を切ないラブソングにしてみせた。

## ミレニアル世代が直面した「機会の不平等」

「Work」も「Work From Home」も「Closer」も、アメリカンドリーム信奉が崩壊した時代のポップソングだ。むしろ、２０１３年にアメリカンドリーム賛歌をリリースしたブリトニーは、世相を気にかけるのならば少々時代遅れの感があった。Gallupの調査においてアメリカンドリームの実存（懸命に働けば豊かになれる社会であること）を肯定したアメリカ人は、２００７年には76％だったが、２０１２年には52％に低下している。２０１４年に入ると「アメリカンドリームは以前は真実だったが、今はそうではない」とする回答が約半数となった。多くのアメリカ人が「機会の不平等」に気づきはじめたのである。

事実、ここ数十年でアメリカにおける格差は大きく拡大した。元々、アメリカの経済的不平等は世界大戦やニューディール政策を通し、１９１０年代から１９７０年代にかけて平等に近づいていった。しかし、１９８０年代からは上位層、そして最上位層がその他グループを引き離しはじめ、どんどん格差が広がっていったのである。そして２０００年代後半に世界金融恐慌が起き、２０１０年代初頭より市民間で所得格差を糾弾するオキュパイ運動が活性化した。「We are the 99％」をスローガンとした同運動で頻用されたデータは「アメリカにおける上位１％層が占める富の割合」である。その数字は、70年代から80年代にかけては10％に満たなかったが、２０００年代終盤には１９３０年代と同等の23％に達している。大雑把にいえば、１９８０年代以降のアメリカでは、お金持ち、とくに超リッチ層ばかり豊かになり、それ以外の人々の経済状況は停滞し悪化していったのである。言い換えれば、多くの人にとって、アメリカンドリームが誇った「機会の平等」は夢まぼろしになった。

「機会の不平等」が直撃した世代こそ、リアーナやフィフス・ハーモニー、チェインスモーカーズのファンダムを形成するミレニアル世代である。1980年代から1990年代前半までに誕生したミレニアルズたちは「親より稼げない燃え尽き世代」といわれる。2019年のDeloitteの調査によると「アメリカの35歳以下の消費者の純資産」は1996年以降3分の1以上減少しており、ミレニアルの実質的な可処分所得は彼らより上の二世代の若年期を下回る。一方、支出は前世代より多い。とくに問題になっているのが学生ローンだ。2007年から2017年にかけて消費者が使う教育費は65％増加し、学生ローン債務は2004年以来160％もの増加を見せた。

チェインスモーカーズの「Closer」で考えるならば、お金持ちの親を持つ女は学費の心配など無用だっただろうが、男は卒業後も奨学金返済に苦しめられていたかもしれない。格差が拡大した社会で困窮する若者が共感しやすい歌とはどんなものだろうか？「努力すれば成功できる」とリスナーに主張するアメリカンドリーム礼賛でないことは確かだろう。ミレニアル世代の多くは、大学を卒業できた者でも、中退してしまったならなおのこと、借金を返せず家計を圧迫されている。働けど働けど……ワーク、ワーク、ワーク。

# ビリー・アイリッシュ

## 絶望を歌う ティーンエイジャー

# Billie Eilish

## 新種のポップスター

アメリカのポップミュージック・シーンでは、突如「新時代」の象徴とされる存在が登場することがある。当該章で紹介したように、レディー・ガガはまさにそれだった。大袈裟なほど派手な格好は人々の度肝を抜いたし、恐れなきアイデンティティ政治の提唱はオバマ政権第1期にこれ以上ないまでにふさわしかった。つまり、当時の「アメリカの新時代」気運を非常にわかりやすいかたちで表象するポップスターだったのである。そのガガが「Just Dance」にて初のBillboard Hot 100首位を獲得した2009年からちょうど10年後、アメリカでは、またしても「新時代」スターが誕生した。

2019年、デビューアルバム『WHEN WE ALL FALL ASLEEP, WHERE DO WE GO?』をリリースしたビリー・アイリッシュは「新種のポップスター」として数々のメディアや大御所ミュージシャンから才能を絶賛され、またたくまにトップスターの階段を駆け上がった。同アルバムは、アリアナ・グランデやテイラー・スウィフトといったメガスターを超えてBillboardチャート年間1位の人気を獲得、シングル成績においてもナンバーワン・ヒット「bad guy」が年間4位についている。このとき、彼女はまだ17

歳だった。

## 10代のカリスマ

9・11から数カ月後、つまり2001年12月ロサンゼルスの宗教的な家庭に生まれたビリー・アイリッシュ・オコンネルは、一般的な学校には通わず、家庭内教育（ホームスクーリング）を受けて育った。芸術に触れる機会は豊富だったそうで、ビートルズを敬愛する父親はビリーとその兄**フィネアス**を作曲スクールに通わせたという。さまざまな音楽を愛していったビリーは、13歳になったある日、兄がつくった曲に歌声を乗せた音声ファイルをダンススクールで使うため、音声ファイル共有サービスSoundCloudにアップする。こうして、稀代の「新時代」ポップスターが世界に見つかった。ただ先生に宛てるためだけにインターネットに載せた楽曲「Ocean Eyes」は、すぐさまバイラルとなり、数多なレーベルから熱烈なオファーを引き寄せたのである。

この時点で注目のアーティストだったといえるが、2016年に契約に至ったレーベルDarkroomは、彼女を慎重に育てた。通例どおり派手にラジオヒットを狙うのではなく、ジワジワとインターネットでの人気を集めながら本人の作家性を確立させることで、

**フィネアス・オコネル**
1997年、カリフォルニア州ロサンゼルス生まれ。ソングライター／プロデューサーとして活躍し、第62回グラミー賞では最優秀プロデューサー賞を受賞した。俳優としても活動しており、人気ドラマ『glee／グリー』などに出演している。大御所トム・ヨークから「今面白いことをやってるアーティストは君だけ」と言われて「……ありがとう？」と返した恐れ知らずのビリーに対して「それ君が受けた賛辞のなかでも一番クールだから！」と指摘してあげるなど、妹思いの常識人である。

ソーシャルメディアとストリーミング・サービスを主体とした新世代の「10代のカリスマ」的地位を形成したのだ。結局、肝いりのデビューアルバムが発売されたのは、契約から3年経った2019年。随分ゆっくりしたペースだが、レーベル幹部にはある確信があった。Darkroomと提携するInterscope Recordsのチーフは、初対面で受けた衝撃を振り返る。「スタイルセンス、考え方、喋り方。すべてが今までと違っていた……ビリー・アイリッシュは新種のポップスターだ」

2019年、The New York Timesに取材されたビリーのチームは、大真面目にひとつのフレーズを繰り返したという。「世界最大のスター」周囲の人々は、この少女が本気で頂点に立つと信じていたのだ。まぁ、彼らの大志は、すぐ成就したといえるだろう。冒頭に書いたとおり、同年、彼女のデビューアルバムはアメリカで年間最大の人気作になった。グラミー賞においては、史上最年少の主要4部門全覇者として記録を樹立している。なにより、彼女を取り巻く喧騒が凄まじかった。『ビリー・アイリッシュはあなたが想像する典型的な17歳ポップスターではない（The New York Times)』『ビリー・アイリッシュは若者世代で最も重要なポップスター（Vogue)』……まさに「新種のポップスター」として彼女を絶賛するメディアが相次いだのである。

## 「明るくてキュートな10代女子ポップスター像」の対極

ビリー・アイリッシュのなにがそんなにも新しかったのか。ざっくりと言ってしまえば、彼女は当時のニュージェネレーションであるZ世代をわかりやすく象徴するポップアイコンだった。Z世代とは、1990年後半から2000年代に生まれた世代を指すことが多い。たとえば、ラップやオルタナティブの雰囲気も携えるビリーの音楽は、既存のジャンル区分はあてはめられないような「ジャンルフルイド」と呼ばれた。『BTS』章でも触れているが、国境やジャンルなど、さまざまな既存区分を越境してしまうソーシャルメディア世代を代表するような音楽だったのである。アルバムデビュー前から膨大なソーシャルメディアのフォロワーやストリーミング再生数を保有していたあたりも、当時最新鋭のデジタルネイティブ世代らしい。

ヴィジュアルも新鮮だった。90年代女性ラッパーのようにビッグサイズのパンツを穿くストリートファッションはソーシャルメディア時代の「身近なポップスター」像の進化系のようだったし、奇しくも初期レディー・ガガと同じく「わかっていない大人たち」から「性別不明」だと訴えられる奇抜な個性もあった。宣材や雑誌撮影の際、笑顔を見せないことでも人目をひく。セックスアピールや、異性を性的に惹きつけるような格好もしない。むしろ、メンズものの大きなズボンが目印なわけだから、本人が語るように性的な揶揄や中傷をはね除けるバリアーのように機能する、Instagram時代に有益なファッションといえる。２０００年代にマイリー・サイラスらが代表した「明るくてキュートな10代女子ポップスター像」とは対極を行く像だったのだ。

ただし、彼女の最もわかりやすい「新しさ」は、これらを統合したムードにある。このZ世代のカリスマによる作品群は、とにもかくにも、ものすごく暗かったのである。だからこそ、ビリー・アイリッシュは、当時の「暗い10代」を完璧にプレゼンテーションしていた。

## 憂鬱と希死念慮

「私が行ってしまう前に聞いて／あなたを愛してる／さようなら」

この文章は、アルバム『WHEN WE ALL FALL ASLEEP, WHERE DO WE GO?』ラストを飾る3トラック「listen before i go」「i love you」「goodbye」の題名をつなげた

ものだ。憂鬱や葛藤、希死念慮との闘いを描く同作は、リスナーに愛を告げたあと、別れで幕を閉じてしまう。つまり、うら若き17歳のニューフェイスが創造したデビューアルバムでありながら、自死による終焉《しゅうえん》を喚起させる代物だったのである。

危険なにおいを放つ存在は、なにも語り部だけではない。収録曲「xanny」では、こぞってドラッグに手を出す若者の輪が描かれており「事故死しないような人間を愛する余裕なんて私にはない」と歌われる。同世代の友人の多くがドラッグに手を染めている旨を明かす彼女は「もう友達に死んでほしくないから」この曲を制作したと語っている。このようにして、2010年代末期、アメリカのティーンエイジャーのカリスマとして君臨したビリー・アイリッシュは、ダークでシリアスな苦悶を表現に昇華することで、同様の悩みを抱える多くの若者からの支持を確立したのである。

実は『WHEN WE ALL FALL ASLEEP, WHERE DO WE GO?』が大ヒットする前から、アメリカのユースカルチャーでは憂鬱や希死念慮といったモチーフが流行していた。それはビリーの経歴を見ていけばわかる。2017年、彼女が楽曲「lovely」を提供したNetflixドラマ『13の理由』は、自殺した女子高生がその理由を生前録音したカセットテープで明かしていくミステリ構造のヤング・アダルト作品だ。現代の高校にはびこるネットいじめや性暴力も描く同作は、若者のあいだでセンセーションを起こした一方、リアリスティックに自死を描写したことで多くの教育・医療専門家から批判される騒動を起こしている。

2017年は、アメリカ精神医学協会が報告記事を出すほど「若者の自殺」を扱ったポップカルチャーが盛んだった。たとえば、ラッパーの**ロジック**による「1-800-273-8255」は、全米自殺防止センターの電話番号をタイトルにした啓発ヒットソングだ。ビリーと近い距離にあるSoundCloudラッパーたちはさらに内にこもっている。この年を代表するアンセムとなったリル・ウージー・ヴァート「XO TOUR Lif3」では、こんな言葉が繰り返されている。「彼女が言うんだ〝ベイビー、私は死を恐れない〟／隅に追いやられる／俺の友達は全員死んだよ」この年には、悲壮なリリックを得意として「ラップ版**カート・コバーン**」の異名をとった当時21歳の**リル・ピープ**がドラッグ過剰摂取によって早逝している。翌年には、ビリーと親交もあった同じくSoundCloudラッパー、**XXXテンタシオン**が強盗の襲撃により20歳で逝去。彼のナンバーワン・ヒット「SAD!」は「自殺する」と繰り返す悲観に満ちた内容で、死後発表されたミュージックビデオに至っては、自身の死を予言するかのような葬儀モチーフであった。

**ロジック**
1990年、メリーランド州ロックビル生まれ。2010年に発表したミックステープ『Young, Broke & Infamous』を皮切りにラッパーとして本格的に活動をスタート。2014年にリリースしたアルバム『Under Pressure』は全米チャート初登場4位を記録した。作家としても活動しており、2019年に発表した小説『Supermarket』は大きな話題を呼んだ。元々は細身のオタクラッパーとして知られたが、ヒット後は筋肉を増強するアメリカのスターにありがちなルートをたどった。

**カート・コバーン**
1967年、ワシントン州アバ

こうして、2010年代後半期のユースカルチャーのスタンダートとなった「若者の自殺」旋風を総括するかのように、ディケイド最後の年、ビリー・アイリッシュが大ブレイクを果たしたのである。

## ダークなコンテンツのメインストリーム化

何故、2010年代の後半、アメリカのポップカルチャーで「若者の自殺」表現が増大したのか？　単純に自殺率が激増した。2007年から2017年にかけて、10歳から24歳のアメリカ人の自殺率は50％以上も上昇している。さらに推測すれば、メンタルヘルス問題のスティグマが緩和されたこと、ソーシャルメディアにおいてそうした悩みを共有しやすくなった影響も考えられる。加えて、そのソーシャルメディア自体が子どもたちの悩みの種になった面も頻繁に指摘されている。

Instagramや TikTokによって容姿を「品評」される機会は一気に増えたし、スマートフォンのせいで24時間学園生活から逃げられない状況が生まれた。こうした背景もあって、2010年代の後半には、ビリー・アイリッシュのような、希死念慮や暗鬱、事故死を導くドラッグ問題をダークに描くティーン向けコンテンツがメインストリームとなっ

ディーン生まれ。1987年にバンド「ニルヴァーナ」を結成。ロックスターとして世界的な人気を獲得したが、ドラッグ依存症に苦しみ、1994年にショットガンで自殺。享年27歳。生前はフェミニストとしても知られており、ガンズ・アンド・ローゼズのアクセル・ローズを「クソ性差別、人種差別、同性愛差別主義者」と批判して激しいビーフを炸裂させた。

**リル・ピープ**
1996年、ペンシルバニア州アレンタウン生まれ。17歳の頃から本格的にラップを始め、YouTubeやSoundCloudに楽曲を多数投稿。薬物、死、鬱病、社会への不安などをテーマにした内省的かつ感傷的なリリックと、ヒップホップとロック、ドリームポップなどをミックスしたサウンドで大きな支持を獲得。2017年にオーバードースにより21歳の若さでこの世を去った。

たのである。

『レディー・ガガ』章で触れたような、オバマ政権期の流行「不当な抑圧と闘うポップカルチャー」と比べると、若者たちの世界への絶望感はより増し、より閉じた世界に移ったともいえるかもしれない。これまたビリーの楽曲が使われている2019年のティーンドラマ『ユーフォリア／EUPHORIA』前半において、精神疾患とドラッグ依存症を抱える主人公に安息がもたらされるシーンは、オーバードーズと親友との交流のみとなっている。

## 良い娘は全員地獄行き

「暗い」と定義されやすいアメリカのZ世代だが、ビリーがブレイクした2019年の後半には、違った類のティーンのアイコンも登場している。2003年スウェーデン生まれの環境活動家**グレタ・トゥーンベリ**が、ニューヨークで開かれた国連気候変動サミットにて、同問題に着手しようとしない権力者を糾弾するスピーチを行い、一躍時の人となったのである。

**XXXテンタシオン**
1998年、フロリダ州プランテーション生まれ。2015年にリリースしたシングル「Look at Me!」で注目を集める。2018年に発表したアルバム『?』がヒットし、収録曲「SAD!」はBillboard Hot 100で首位を奪取した。恋人への暴力行為など、プライベートでは問題行動が多い人物としても知られていた。彼も前出のリル・ウージー・ヴァートと同じく『NARUTO』の熱狂的ファンであった。

**グレタ・トゥーンベリ**
2003年、スウェーデンのストックホルム生まれ。2018年、15歳のときにスウェーデン議会の外で「気候のための学校この少女の怒りの声には、ドナルド・トランプ大統領やロシアの**ウラジミール・プーチン**大統領も反応し、実質的に批判で返している。実は、アメリカのZ世代のひとつの傾向が、気候変動イシューへの関心の高さだ。「暗い10代」コンテンツにおいても、前出『ユーフォリア』を筆頭に、諦念の理由に環境問題が挙げられることが多い。ビリー・アイリッシュにしても、同問題への関心が高いことで有名なビーガンである。グレタ演説が話題になった頃、彼女は気候変動がもたらす恐怖を表現した楽曲「all the good girls go to hell」のミュージックビデオをリリースした。映像中では、大きな翼を黒いヘドロまみれにしながらビリーがさまよう。これは、環境汚染によって白い羽を汚された鳥のメタファーだろう。

「良い娘は全員地獄行き／神様にすら敵はいるから
水が上がってきたら最後／天国はどこにもない」
（ビリー・アイリッシュ「all the good girls go to hell」）

タイトル「all the good girls go to hell」は慣用句「良い娘は天国に行けるけど悪い娘はどこにだって行ける（Good Girls Go to Heaven, Bad Girls Go Everywhere)」のもじりかもしれない。これはなかなかに面白い表現だ。「暗い世代」として扱われるアメ

ストライキ」という看板を掲げ、気候変動への早急な対策を求めたことが話題となる。若き環境活動家としてTIME誌の表紙を飾るなど、ソーシャルメディアを中心に大きな知名度を得ている。同世代にあたるビリーもリスペクトを表明。

**ウラジーミル・プーチン**
1952年、ロシアのサンクトペテルブルク生まれ。1999年にロシアのエリツィン前大統領辞任に伴い、大統領代行に任命される。2000年に過半数の得票を受け大統領に当選。2004年、大統領に再選し、2008年に退任して首相に就任。2012年には大統領選で2度目の再選を果たした。特技は柔道で、スポーツマスターの称号を得るほどの巧者である。犬好きとしても有名であり、秋田県の知事から秋田犬を贈られたことも。

リカのZ世代だが、実は全体的な傾向としてはむしろ「慎重」といわれている。飲酒やハードドラッグの摂取量、自動車事故などは減少傾向にあるし、セックス体験率や早期妊娠も前世代より少なくなっているのだ。要するに、メジャーな問題における過去との比較においてなら、Z世代は「all the good girls」的な、真面目寄りのジェネレーションといえる。

## 銃乱射事件の増加

ただし、自殺率や、ザナックスなど処方箋薬のオーバードーズは深刻な問題となっている。環境に関する問題にしても「権力を持つ大人たちは世界が終わる頃には死んでるから真剣に取り合わない」「我々若者の未来は侵されている」といった、失望と不安の声があがっている。極めつきは銃乱射事件だ。米語で言う「マスシューティング」の定義づけやカウントは難しいようだが、2019年8月5日づけWashington Post調査によると、2010年代以降、その頻度も死者数も増えたことが報告されている。たとえば、1999年コロンバイン高校銃乱射事件が起こる前、そうした事件は6カ月に1回程度発生していた。これが2015年チャールストン教会銃撃事件のあとはほぼ6週間に1回ペースとなる。同紙がマスシューティングに関するデータ集計を始めたのは1966

年だが、そのうち3分の1もの犠牲者が前出2015年チャールストン事件以降に命を落としている状況だ。

こうした銃乱射にまつわる恐怖は、ティーンエイジャーをも襲っている。2018年、テキサス州でサンタフェ高校銃乱射事件が起こったとき、避難した女子高生は、うつむきながらメディア取材に語った。「この学校でも、いつか起こると思っていました。こういうことは、どこでも起こっているから……」彼女のコメントを受けて、Teen Vogue誌のデジタル編集ディレクターは宣言を行った。「これが、アメリカのティーンエイジャーの新たな現実だ」同事件が発生したとき、前出ドラマ『13の理由』シーズン2プレミアが緊急中止されている。「現代の子どもが抱える問題」として、高校生による銃乱射事件を描いていたためだ。

2010年代後半、「慎重」世代向けのヤングアダルト作品が揃いも揃って絶望を描き出した背景には、アメリカ社会が抱える根深い問題の存在がある。ビリー・アイリッシュの表現を借りるならば、全員良い子でいても地獄行き。そんなムードが子どもたちのあいだに漂う時代なのかもしれない。

# アリアナ・グランデ

## 暗闇の中で光を探すヒーロー

# Ariana Grande

## 順風満帆なキャリア

アリアナ・グランデは順調そのものなキャリアを歩んでいた。１９９３年フロリダ州の裕福な家庭に生まれ、幼いころより舞台経験を積んだ。人気アニメ『スポンジ・ボブ』などを放送するニコロデオンのキッズ向けコメディドラマで活躍したのちに歌手業を本格化させ、２０１３年、デビューアルバム『Yours Truly』にてBillboard HOT200首位を獲得。R&BやEDMもお手のもの、あの**パティ・ラベル**から「私を負かすほど」と認められるほどの歌唱力で、キャリア初期には「ポスト・マライア・キャリー」と呼ばれることもあった。その後のキャリアは、２０１４年、業界の「バッド・ギャル」リアーナすら認めたほど、やることなすこと〝上手くいっていた〟

１５３センチほどの身長を彩るサイハイブーツにミニスカート、アイコンと化したロング・ポニーテール、そしてガーリィなヴィジュアルイメージは、日本を含む世界中で人気を博した。ミレニアル世代スターらしくビーガンのフェミニストでもあり、兄**フランキー**のセクシュアリティ（同性愛）を否定するカトリックに反発してカバラ教に改宗したこともある。彼女を前に、生まれて初めてカミングアウトするセクシャルマイノリ

**パティ・ラベル**
１９４４年、ペンシルベニア州フィラデルフィア生まれ。60年代初頭にボーカルグループ「パティ・ラベル&ザ・ブルーベルズ」のリードシンガーとして歌手のキャリアをスタート。１９７６年にソロ活動を始め、多くのヒット曲を世に送り出した。映画『ムーラン・ルージュ』にてクリスティーナ・アギレラやピンクにも歌われた「Lady Marmelade」が有名。その圧倒的な歌声から〝ソウルのゴッドマザー〟と呼ばれている。

**フランキー・グランデ**
１９８３年、ニューヨーク州ニューヨーク生まれ。ダンサー／俳優として活動し、ブロードウェイの人気ミュージカル『ロック・オブ・エイジズ』や『マンマ・ミーア！』などに出演。同性愛者であることをオープ

ティのファンも多いという。また、「女子はスマートフォンから離れられない」と馬鹿にしてきたラジオホストにはっきりと反論し、さまざまな差別に反対するステートメントを出したこともある。

2年ほど交際したラッパーの**マック・ミラー**が破局直後に交通事故を起こしたことで「アリアナのせい」とする中傷が寄せられた際には、飲酒問題を抱える元恋人へのサポートを表明しつつ「男性が問題を起こしたら面倒を見きれなかった女性の責任」とする性差別的価値観の問題を提起した。

## 「アメリカなんてクソ」

2015年には、店に陳列されたドーナツを勝手に舐めて「アメリカなんてクソ」と発言したことがスキャンダルになったが、翌年リリースされた3rdアルバム『Dangerous Women』にて「かわいらしいだけでなくさまざまな側面と強い芯を持つ／見下してかかる人々にとっては危険な存在の女性」イメージを周知させたことを考えれば、そこまでの打撃ではなかっただろう。ドナルド・トランプが大統領選挙に勝利した頃には、彼を嫌う人々から「アリアナが正しかった、この国はクソだ」と評する声まで出現した。こ

ンにしており、2018年にはゲイカップルと3人で愛を育むスリープル交際で話題を呼んだが、数カ月で破局。マンツーマン恋愛と比べて「楽しさ2倍、トラブルも2倍」だったらしい。

**マック・ミラー**
1992年、ペンシルベニア州ピッツバーグ生まれ。2007年にラッパーとしての活動をスタートし、またたくまに注目を集める。2011年にリリースしたアルバム『Blue Slide Park』がヒット。大きな知名度を獲得して順調なキャリアを歩みながら薬物依存に苦しみ、それは彼の楽曲でもたびたび表現されていた。2018年、薬物の過剰摂取で逝去。享年26歳。アリアナが早逝したマックについて歌った楽曲「ghostin」のイントロは、彼が生前最後にドロップしたアルバムに収録された楽曲「2009」のサンプリングとされる。

の頃のアリアナは、アルバム初登場首位もリードシングルのトップ10入りも当然視されるスターになっていた。

　マイリー・サイラス等と同じく子役出身で、社会正義活動も率先して行い、ソーシャルメディアではスラングをまじえながらファンと緻密に交流するアリアナは、21世紀アメリカの女性ポップスターのひな形キャリアを歩んだともいえる。２０１６年時点では、Billboard HOT100ナンバーワン・ソングだけ獲得すれば、誰しもが認める「ミレニアル世代のトップスター」となれる状況だった。しかしながら、彼女の順風満帆なキャリアは、未曾有《みぞう》の悲劇に曝されていくこととなる。

## 20名を超える死傷者がでた自爆テロ

　２０１７年5月22日、イギリスのマンチェスターで行われたアリアナのツアー公演で、爆発事件が発生した。同国10年間で最大級の自爆テロだった。20名を超える死傷者のうち、最年少は8歳の少女。少なくとも１２０名が負傷し、入院した被害者のうち10名以上が16歳未満の子どもたちであったとされる。つまるところ、多くの子どもたちが楽しむ娯楽イベントがテロリズムの標的にされたのである。その衝撃は、アリアナと同じ

１９９０年代生まれのシンガー・ソングライター、ロードのツイートに表れているだろう。

「すべてのミュージシャンが気に病み、自責を感じています。ショーは安全であるべきなのに。これは真に最悪な悪夢。マンチェスターとアリに愛を贈ります」

アリアナ当人も「心の底から本当に残念。言葉がない」とツイートし、予定されていた公演を中止して帰国していた。自宅では２日ほど泣きつづけたという。しかし、その次の日には母親にこう言った。

「正直、もう歌えないってわけじゃない。でも、二度と歌わない……まずマンチェスターで歌わない限りは」

事件から１週間も経たないうちに、彼女は追悼と決意をつづった長文ステートメントを発表する。

「この１週間、みなさんが示してくれた共感、思いやり、愛、強さ、そして団結は、月曜日に起きたような、起こるべきではない凶悪な出来事を引き起こすものとは正反対に位置しています。あなたたちは対極なのです」

「私たちは、恐怖によって止められたり、操られたりはしません。私たちは分断しません。私たちは憎悪に勝利を与えません」

「この事件に対する私たちの答えは、より団結し、助け合い、より愛し、さらなる大声で歌い、これまでよりも親切で寛大に生きることです。私は、素晴らしく勇敢な街、マンチェスターに戻ります」

事件から1カ月もしないうちに、アリアナは本当にマンチェスターに戻ってきた。彼女が主導するチャリティコンサート「One Love Manchester」には、ケイティ・ペリーやジャスティン・ビーバー、地元の英雄的存在**リアム・ギャラガー**などのトップスターが集結し、愛のパワーを音楽によって表明していった。モッシュピットには観客が持ち込んだ「我々はともに立ち上がる(We Stand Together)」プラカードが咲き乱れた。この勇気ある催しについて、のちにBritish Vogueはこう記している。「アリアナと地元の聖歌隊の歌声は、美しく、圧倒的な、癒やしだった。あの瞬間に国の宝が生まれた」

**リアム・ギャラガー**
1972年、イングランドのマンチェスター生まれ。1991年、兄のノエル・ギャラガーとともにバンド「オアシス」を結成。1994年にリリースしたアルバム『Definitely Maybe』がヒット。90年代のブリットポップ・ムーブメントの中心的存在となった。2009年のバンド解散後は、ソロ活動を行ったりファッションブランドを立ち上げたりしている。オモシロ暴言家としても著名であり、敬愛するビートルズは神にまさると断言し「神が最後にまともなアルバム出したのっていつだよ？」と主張した。

## 「もう流す涙は残っていない」

『Sweetener』という言葉は、直訳すれば「甘味料」だが、「(ものごとを) 甘くする／良くする」ニュアンスもある。2018年8月にリリースされたアリアナの4thアルバムのタイトルだ。「もう流す涙は残っていない」として前進を示すリードシングル「No Tears Left To Cry」は、Billboard HOT100において、当時彼女のソロシングルとして最高の3位を記録した。ヒップホップ界の名プロデューサーでもあるファレル・ウィリアムスと話し合って制作したアルバムのラストトラック「get well soon」では、ファンに向けた真摯な想いがつづられている。

「これはみんなに言いたいこと／ベイビー／身体に気をつかって」
「ちゃんと向き合って／やり過ごそうとしないで／否定してる時間なんてないだからちゃんと書きとめることにした」
「良いときも悪いときもあるって知ってほしい(あなたはわかるはず)恐怖をアンフォローして／ただ言うの〝ブロックした〟って」
「あなたがひとつだけ信じられること

それはあなたと私が支え合えるってことだよ
ある日／限界がきたら／私がそばにいる」

## 元恋人の死

「音楽は、希望や自由、幸福を感じさせるものでなくてはいけない」……アリアナ・グランデが抱く信念が貫かれたこのアルバムは、彼女に初のグラミー賞をもたらすこととなる。しかしながら、リリースから1カ月ほど経った2018年9月、ひとつの訃報が入る。前出の元恋人マック・ミラーがドラッグの過剰摂取によって早逝してしまったのだ。彼はアリアナの1歳年上で、まだ26歳だった。

11月、交際していたピート・デヴィッドソンとアリアナの婚約が破棄に至る。コメディアンのピートは、人気テレビ番組『SNL』にて、婚約破棄も冗談にしてみせた。番組の予告編が公開された際、アリアナはTwitterで反撃に出る。「関係を持つことは嫌ったのにしがみつくのは大好きな誰かさんへ」次のポストにはこうあった。「ありがとう、次(thank u, next)」そして翌日、大きなプロモーションもしないまま「thank u, next」と題した新曲を発表したのである。まぁ、ゴシップ的に大いに盛り上がる流れだった。

『ワン・ダイレクション』章で説明したように、スターカップルの交際を描く曲はただでさえ注目されるし、そこにビーフ（対立）要素があるなら尚のこと盛り上がる。アリアナの件にしても、ツイートを見た多くの人がピートに引導を渡す歌を期待しただろう。しかしながら、またしても多くの人が、再生ボタンを押して驚愕する。「thank u, next」は、ピートのみならずマック・ミラーやビッグ・ショーン、**リッキー・アルヴァレス**を含む、元恋人への感謝を表明する歌だったのである。

「ショーンと最後までいくと思ってた／だけど 彼とは合わなかった
リッキーについて何曲か歌を書いた／今聴くと笑っちゃうけど
もう少しで結婚しそうにもなった／ピート あなたには感謝してる
叶うなら ありがとうってマルコム（※マック・ミラーの本名）に言いたい
彼は天使だったから
一人は愛を教えてくれた／一人は忍耐を教えてくれた／一人は痛みを教えてくれた
だから 今の私は最高なの」
「だから言わせて／ありがとう 次／ありがとう 次
私は元カレたちに本当にクソ感謝してる」

**リッキー・アルヴァレス**
1992年、カリフォルニア州サンディエゴ生まれ。2014年にバックダンサーとしてアリアナのプロジェクトに参加し、2015年に交際が公のものとなった。リッキーが「thank u, next」を聴いて顔を歪めるジョーク動画をアップした際は、アリアナ本人が「あはは。ごめんね、最低なラインだけど愛情を込めた」と返信。破局後もジョークをぶつけ合える良好な関係を築いたようだ。なお2015年に起こった「ドーナツ舐め事件」のときにアリアナと一緒にいたのは彼である。

曲の後半に入ると、サプライズ告白が待ち受けている。「ついに最後の人と出会った」と歌われるのだ。

「この人で最後になる／だって　彼女の名前はアリ／私はすごくいい状態」
「たくさん愛をもらって／たくさん我慢してきた／痛みから学んだこともある
そうやって私は素晴らしくなった／愛して失った
でもわかったことはそれだけじゃない
今の私を見てよ／考える時間は終わり／だから言わせて／ありがとう　次」

## thank u, next

痛ましい出来事を経て自分自身と向き合ったアリアナ・グランデは、愛や忍耐、痛みによって成長し、自己を受け容れ、過去に感謝しながら前進を示す……これが「thank u, next」の本意だったわけである。終盤には、痛ましい経験の告白とともに、ちょっとした茶目っ気と自信も入る。「たった一度でいい　本当に最悪なことは／これで最後にする／これ以上はありえない／少なくとも　この曲はスマッシュヒットになるでしょ」予言は的中した。変則的にリリースされた「thank u, next」は、彼女に初のＨＯＴ１００

ナンバーワン・ヒットという栄誉を与えてみせた。それどころか、同名アルバムからのセカンドシングル「7 rings」すら、軽々と首位を獲得するメガヒットを記録。翌年には、ストリーミング・サービスAppleMusicにて『最も再生された女性アーティスト』の称号を獲得することとなる。アリアナ・グランデは、正真正銘「ミレニアル世代のトップスター」になったのである。

「thank u, next」は画期的なポップソングだった。まず、悲しみや後悔、怒りをベースとしない破局ソングがナンバーワンに輝くこと自体が珍しいとされた。この曲には、寛容と融和、そしてポジティブな前進と自己受容がある。事件以降、PTSD等の精神状態もオープンにしてきたアリアナが歌うことにより、確かなリアリティも宿っていた。真摯な破局ソングが示したもののひとつは、前出「get well soon」にも刻まれるもの、自身を慈しむ「セルフケア」の重要性だろう。これは、当時のリスナーの多くが求めるものでもあった。本作がリリースされた2018年は、Apple Storeアプリ部門にて「セルフケア」がナンバーワン・トレンドのジャンルになっている。メンタルヘルスへの関心が上昇するなかで、瞑想やヨガを指南するサービスはソーシャルメディア疲れに苛まれる人々に需要があったし、シリコンバレーの名だたるテクノロジー企業群にしても「ウェルネス／マインドフルネス」を促進する向きがあった（『近藤麻理恵』章参照）。

社会自体も激変期に入っている。2017年のドナルド・トランプ大統領就任は大きなサプライズだったし、政治の混乱や対立の話題が毎日のようにニュースのヘッドラインを飾る状態だった。ヨーロッパのテロ事件やアメリカの銃乱射事件の多発、そして気候変動は、子どもたちの生活すらも不安で覆っていった(『ビリー・アイリッシュ』章参照)。こうした暗い混乱のなか、一人の人間ができることは、意識的に自身をケアすることと、そしてなるべく親切になることである……トランプ政権第1期では、「小さな世界の前進」というべき、光属性のようなポップカルチャー人気がのびていた。「ナイスコア」というジャンル名も出てきている。

そんななかで、苦境から立ち上がる姿を見せつづけたアリアナが、混乱に揺れる世界が求めるスターであることは明らかだった。ただし、彼女の存在や表現は、単なる「時事性」にとどまらないだろう。「thank u, next」は、「ポップミュージックは人に希望を授けるべき」とする彼女の音楽観の集大成のような作品だからだ。さらにいえば、暗闇のなかでも光を探さんと立ち上がるその勇姿は、時代など関係なく、人々が羨望するヒーローそのものだろう。

## 「七輪」事件と「文化と人種」問題

アメリカにおいて「文化と人種」の問題はたびたび議論されている。日本においても、2019年、アリアナ・グランデが自身のヒット曲「7 rings」を意味する漢字タトゥー「七輪」を手のひらに入れたことで批判を浴びた……とする情報が話題になった。マジョリティである白人がマイノリティ人種の文化スタイルを採用することは「文化の盗用」として批判されることがある。しかしながら、(あくまでウェブを見た個人的な印象で恐縮だが)この件に関しては、アメリカを含む英語圏で大規模に問題視された印象は薄い。もちろん「文化の盗用」問題とする意見も出ていたし、アリアナ当人もそうした声に反応を見せたが、どちらかというと、注目を集めたのは漢字自体のほうだ。日本語圏のソーシャルメディアでも話題になったが、「七つの指輪」を略した「七輪」は、サンマなどを焼く器具が連想される。このことが英語圏に伝わり「アリアナが間違えて〝バーベキュー・グリル〟を意味する日本語をタトゥーにした」間抜けな失敗談として嘲笑を集めたのだ。Twitterの反応を紹介するBuzzFeedなどの米メディア記事も、この間違いをメインとしている。

当時のアリアナの場合、「文化と人種」問題はもうちょっと前にアメリカで話題になっている。「七輪」タトゥーを生んだヒット曲「7 rings」は、それまでのキャリアのなかでも特段ヒップホップ的なサウンドとビジュアルだったため、反発も引き起こしたのだ。**ソウルジャ・ボーイ**や**プリンセス・ノキア**ら黒人ラッパーから自作の盗作だとして糾弾もされている。有名人が有名人の「パクり」を告発というだけで話題性は高いが、「白人が黒人の文化スタイルを採用」した構図が少なからず反感を買ったことも事実だろう。

アメリカのポップミュージックとそのファンダムにおいて、白人スターがブラックミュージックに類するスタイルを採用することへの批判は存在しつづけている。加えて、そうしたスタイルを途中で放棄して態度を変える白人がいることも事実だ。マイリー・サイラスは2013年リリースのアルバム『Bangerz』にてヒップホップ的なスタイルを取り入れキャリアを一新させた人だが、2017年になる頃にはオーガニックなポップロック・サウンドに回帰。その上で「女性をモノ扱いする曲ばかりのヒップホップからは距離を置いた」旨の発言をしてバックラッシュに見舞われた。「ラップしないSoundCloudラッパー」とも評されるスタイルでアルバムデビューを飾ったビリー・アイリッ

**ソウルジャ・ボーイ**
1990年、イリノイ州シカゴ生まれ。幼少の頃にジョージア州アトランタに引っ越したことでヒップホップに興味を持ちはじめる。2007年にリリースしたシングル「Crank That(Soulja Boy)」がBillboard Hot 100で首位を奪取し、大きな知名度を獲得。一躍人気ラッパーの仲間入りを果たした。『ゴジラ』や『ドラゴンボール』など、日本のポップカルチャー・ネタを仕込んだリリックが結構多い。

**プリンセス・ノキア**
1992年、ニューヨーク州ニューヨーク生まれ。2014年にデビューアルバム『Metallic Butterfly』をリリースし、続いて2015年にはミックステープ『Honeysuckle』を

シュにしても、2019年当時「誰もがみなヒップホップに影響を受けている」と断言していたが、翌年には「今ラップしてる人の多くが嘘ばかり表現している」と苦言を呈した。

マイリー、ビリーの両者ともに筋の通った言い分ではあるし、断片的なメディア報道が余計反感を買ったきらいもあるかもしれない。しかし、あるジャンルのスタイルで利益を上げたあと、その領域への態度を一変させるように見える発言は当然反発を呼ぶ。「黒人アーティストはポップとはされずアーバンジャンルに閉じ込められる」傾向が批判されがちだった2010年代アメリカ音楽界の場合、当然、肌の色も議論に上がってくる。アメリカでも賛否ある「文化の盗用」という言葉を使うと理解が難しくなるが、白人ラッパーとして大成したエミネムは、2020年、客演した**ロイス・ダ・ファイブ・ナイン**の楽曲「Perspective (Skit)」において「文化と人種」問題の歴史の一片を簡潔に説明している。

「理解できる／黒人がほぼすべての音楽フォームを創造した事実がないがしろにされている苛立ち／ロックン・ロールは**チャック・ベリー**や**ロゼッ**

「ディスティニー」名義で発表した。フェミニストとしても知られている。人気ドラマ『ゲーム・オブ・スローンズ』のファン。テイラー・スウィフトと同じく、同作に登場するデナーリスとドロゴのカップルをイメージした作品をリリースしたことがある。

**ロイス・ダ・ファイブ・ナイン**
1977年、ミシガン州デトロイト生まれ。10代の頃からラップを始め、ヒップホップ・グループ「スローターハウス」やエミネムとのデュオ「バッド・ミーツ・イーヴィル」の一員として活動している。ショーン・コムズやドクター・ドレーの作品にゴーストライターとして参加していたという経歴を持つ。ビーフをかわしたこともあるが、エミネムとは長い付き合い。

**タ・サープ**がいたことで注目を集めた／しかしエルヴィス・プレスリーの登場に人々はこう振る舞った／〝オーマイゴッド、こんなもの見たことない！〟／彼らはすでに目にしていた／そのレベルに達した白人を見たことなかっただけだ／それが今ではエルヴィスが最もレコードを売った人物となり〝キング・オブ・ロックン・ロール〟と呼ばれている」

**チャック・ベリー**
1926年、ミズーリ州セントルイス生まれ。ロックンロール創始者の一人と見なされている伝説的なギタリスト。2017年に自然死で逝去。享年90歳。生前、「自分がロックンロールを創造したと思うか」と問われた際には「ひとりでやったとは思わない」「(自分が)なにを成し遂げたのかは、みんなが判断すればいい」と語った。

**シスター・ロゼッタ・サープ**
1915年、アーカンソー州コットン・プラント生まれ。ゴスペルシンガーとして人気を博し、歪ませたエレキギターのサウンドを楽曲に用いたことで知られる。アメリカで初めてR&B、ロックンロールをメインストリームに押し上げた人物と評されており、その功績から「ロックンロールのゴッドマザー」とも呼ばれている。1973年、脳卒中により逝去。享年58歳。

-THE AMERICAN CELEBRITIES-

# レオナルド・ディカプリオ

## 40億円かけても獲れないアカデミー賞レース

Leonardo DiCaprio

## アカデミー賞を獲れない大スター

2016年、レオナルド・ディカプリオがアカデミー賞を手にしたとき、ハリウッドはお祭り騒ぎになった。そこまでには長い長い旅路があったからだ。1972年カリフォルニアに生まれ、ティーンエイジャーの頃に出演した『ギルバート・グレイプ』（1993年）にてアカデミー助演男優部門にノミネートされたレオナルド・ウィルヘルム・ディカプリオは、主演作『タイタニック』（1997年）が大ヒットするなど、順風満帆なスターキャリアを歩んできた。

しかしながら、そのあまりの「レオ」人気で軽視もされたためか、アカデミー賞の結果に限れば苦難の道を歩むこととなる。2002年『ギャング・オブ・ニューヨーク』では、リーディングアクター（主演）とされたにもかかわらず、共演者のダニエル・デイ＝ルイスが「主演男優」としてノミネートされてしまった。それから10余年、ディカプリオは主演男優部門と助演男優部門で合計4つのノミネートを受けるも、オスカー獲得には至っていない。そのあいだには、ベテラン監督／俳優**クリント・イーストウッド**のもと実在したゲイのFBI長官（『J・エドガー』／2011年）や、黒人奴隷を痛め

**クリント・イーストウッド**
1930年、カリフォルニア州サンフランシスコ生まれ。西部劇に出演してキャリアを積み、『ダーティハリー』（1971年）で刑事ハリー・キャラハンを演じ、スターとしての地位を確立した。近年は監督業に重点を置いており、2005年の第77回アカデミー賞にて監督賞（『ミリオンダラー・ベイビー』）を獲得した際「80歳のシドニー・ルメットと比べたらまだまだ子ども」と謙遜していたが、2020年5月には90代の現役映画監督となる。

**ジュリアン・ムーア**
1960年、ノースカロライナ州フェーエットビル生まれ。ボストン大学で演技を学び、卒業後に本格的に女優として活動をスタート。若年性アルツハイマーの主人公を演じた『アリスのままで』（2014年）で

つける鬼畜な悪役（『ジャンゴ 繋がれざる者』／2012年）など、俗に言う「アカデミー賞受けしそうな役柄」を演じつづけている。2014年の授賞式でプレゼンターがほかの男優の名前を呼んだ際は、非常に悲しそうな表情がインターネットで話題になったりもした。

本人が賞についてどう思っていたかはわからないが、世間でついたイメージは「アカデミー賞が欲しいのに獲らせてもらえないハリウッドスター」そうやって見守られてきた彼が41歳になった2016年、『レヴェナント：蘇えりし者』における極寒の地で動物の肝臓をも食べるエクストリームな演技によって、ついにアカデミー賞主演男優賞に輝いたのだ。もちろん、国民的スターと言っていい人気者だけあって、当時のアメリカはお祭り騒ぎだった。「おめでとうレオ」ハッシュタグがバイラルになり、ハリウッド現地には、オスカー像を手にした彼の横に「ネヴァー・ネヴァー・ギブアップ」と書かれた巨大な壁画（ウォールアート）まで出現している。

## 「良い作品」というだけで受賞はできない

これを「いい話」として章を終わらせることもできるのだが、一旦、ちょっと前に戻

5度目のノミネートにして初のオスカー獲得を果たした。受賞スピーチはジョークから始めた。「アカデミー賞に勝てば寿命が5年のびると聞きました。本当だったら感謝します。夫は私よりも若いので」

**ペギー・シーゲル**
推定1940年代、ニュージャージー州生まれ。ニューヨークを拠点とする映画パブリシストでありイベントプランナー。一般的な知名度は低いものの、New York Timesに「ハリウッドの秘密兵器」と称されるオスカーキャンペーンの名手である。「ニューヨーク地域のオスカー会員全員と寝た」とジョークを飛ばすほど映画界におけるコネクションが広い。2019年には、未成年を含む数多くの女性を人身売買した疑いで起訴され獄中死した富豪ジェフリー・エプスタインとの関係が報道されたことで、Netflixを含む多くの顧客を失ったとされる。

ろう。まだ『レヴェナント』が公開されていない2014年の冬、レオはサン・バルテルミー島のクリスマス・パーティーにて、「ハリウッドの裏の女王」と呼ばれる人物とある会話をかわしていた。

「次のオスカーは誰が勝つの？　僕、賭けなきゃいけなくてさ」
「うーん、**ジュリアン・ムーア**でしょ。彼女、もう4回目のノミネートよ」
「じゃあ、僕が勝てるのはいつなんだ？　もう4回ノミネートされてるよ」
「あなたは車椅子に乗ってるとき。そこでようやく（プロデューサーへの功労賞的な）アービング・G・タルバーグ賞をもらえるんじゃない？」

そう言われたレオは悲しそうだったという。しかし、この女性の態度は『レヴェナント』がリリースされた2015年、豹変する。彼に向かって力強く断言した。

「今回はあなたの年よ。あなたが勝つ。キャンペーンを行いなさい」

「キャンペーン」とはなんなのか？　みごとレオの勝利を予言したこの女性は、実は一般的なハリウッドワーカーではない。彼女の名は**ペギー・シーゲル**。ニューヨーク・コ

**マーク・ライランス**
1960年、イングランドのケント州生まれ。王立演劇学校を卒業したのち、舞台俳優としてキャリアをスタート。スティーブン・スピルバーグ監督の「ブリッジ・オブ・スパイ」（2015年）でアカデミー助演男優賞に初めてノミネー

ミュニティを中心とするフィクサーであり、ハリウッドにおいては「オスカーレース請負人」として知られる人物だ。一般的に知られる話として、アメリカ最高峰の映画アワードとされるアカデミー賞までの道のりには「ショービズ版の大統領選挙」と例えられる熾烈な競争がある。

カリスマ性やメディア受けも要求される大統領候補がベターな政策のみでは勝てないように、オスカーにしても「ただ良い作品」というだけでは獲れないのだ。映画祭などで作品をお披露目したあとは、スタジオが主導するアワードキャンペーンが重要になっていく。それゆえ、「アワード戦略家／コンサルタント」的職業が成立しているし、2016年『ブリッジ・オブ・スパイ』で助演男優賞を受けた**マーク・ライランス**のような「キャンペーン不参加だったにもかかわらず受賞できた存在」が出現した場合、業界紙から「大きなサプライズ」として報道される。

## 数億円が費やされるキャンペーン

オスカーキャンペーンについて説明しよう。ハリウッド最高峰のアカデミー賞で大きな賞を獲れば、作品収益のプラスになるだけでなく、受賞俳優のギャランティも上昇し

トされ、受賞も果たした。受賞スピーチの第一声は「いつも、いつだって、ただ物語を愛してきました」オスカー・キャンペーンについては「屈辱的な恥」だと断言している。

**ハーヴェイ・ワインスタイン**
1952年、ニューヨーク州ニューヨーク生まれ。1979年に映画会社「ミラマックス」を設立。2017年に自らの権力を利用して多数の女性に対し性的暴行を行い、それをもみ消していたことが明るみになり、翌年ニューヨーク市警によって逮捕された。オスカーキャンペーンを得意としていたことでも知られる。2015年のVocativによる調査では「アカデミー賞受賞スピーチ中最も感謝された人物」第2位。ただし、彼の横暴に嫌気がさしていたケイト・ウィンスレットは、2009年の主演女優賞（『愛を読むひと』）スピーチで意図的に彼の名前を出さなかった。

やすいし、なにより栄誉がもたらされる。２０１０年代、同アワードで投票権を持つ映画芸術科学アカデミーの会員は５０００人以上にのぼった。栄光を狙うスタジオからすれば、競合相手よりも目立って会員の気をひき、多くの票を獲得しなければいけないシステムになっている。それゆえ、各スタジオが数億円規模のマネーを費やすキャンペーン合戦が巻き起こるのだ。

一般的に知られるキャンペーンの例は、第一に、会員へのＤＶＤ配布である。高齢者も多いオスカー会員様に作品を観てもらわないと始まらない。事実、２０１３年には、当時の豪腕プロデューサー、**ハーヴェイ・ワインスタイン**が、**クエンティン・タランティーノ**監督作『ジャンゴ 繋がれざる者』について「劇場で観てほしかったこともあり、ＤＶＤ配布のタイミングが遅かった（それが敗因だった）」と反省の意を示している。

年をまたいで続くアワードシーズンが開幕すると、各映画スタジオが存在感や意欲をアピールするため、ロサンゼルスなどにビルボード広告を掲げはじめる。たとえば、音楽スター同士の悲恋を描いた『アリー／スター誕生』（２０１９年）陣営は、レディー・ガガが演じる主人公を宣伝する劇中の看板をそのままロサンゼルスに出現させた。高額な広告料を払ってまで会員に向けたＰＲを行うのだ。映画の華であるメインキャストた

**クエンティン・タランティーノ**
１９６３年、テネシー州ノックスビル生まれ。レンタルビデオ店のスタッフとして働きながら脚本を執筆。『レザボア・ドッグス』（１９９２年）で脚本家／映画監督としてデビューした。彼の作品はポップカルチャーからの膨大な引用、意味のない会話、突発的な暴力描写などを特徴としている。足フェチとしても有名で、２０１９年のＳＡＧアワードでは、助演男優賞を獲得したブラッド・ピットに「クエンティンは空港のセキュリティの人より女性の靴を脱がせている」とジョークにされた。

**エマ・ストーン**
１９８８年、アリゾナ州スコッツデール生まれ。青春コメディ

ちの多くも第一線に立つ。『ラ・ラ・ランド』（２０１６年）で主演女優賞を獲得した**エマ・ストーン**は、期間中VogueやRolling Stoneなど有名雑誌の表紙を飾りつづけたほか、普段は姿を見せない『エレンの部屋』や『ザ・トゥナイト・ショー』などの大衆テレビ番組にも出演している。

一方、２０１１年、こうしたメディア露出の機会を与えられなかった50歳の女優**メリッサ・レオ**は、自前で用意した広告によって人々の度肝を抜いてみせた。そこでは、胸元のあいたドレスを着た彼女が前かがみになって谷間を見せつつ「（私への投票を）考えて……」とセクシーに誘惑している。もちろん顰蹙も買ったが、そのぶん脚光も浴びた。前哨戦フロントランナーであったメリッサは、そのままアカデミー助演女優賞を獲得している。

メディア媒体におけるＰＲは一般人の目にも入るものだが、業界の内部で行われるキャンペーンこそ重要とする声もある。毎年、アワードシーズンになると、有力作品の監督やキャストの多くが「会員向けツアー」に出る。ロサンゼルスやニューヨークでアカデミー賞会員たちを招待するＱ＆Ａやプライベート上映イベント、それにともなうラグジュアリーな会食パーティーを朝・昼・晩にわたって行いつづけるのだ。このため、オ

『スーパーバッド 童貞ウォーズ』（２００７年）でスクリーンデビュー。２０１７年、彼女が主演女優賞（『ラ・ラ・ランド』）を獲得した第89回アカデミー賞では作品賞ウィナーが間違って発表されるトラブルが起きたが、これはプレゼンターに渡された用紙が主演女優賞用のもので「『ラ・ラ・ランド』エマ・ストーン」と書いてあったため。真の勝者は『ムーンライト』であった。

**メリッサ・レオ**
１９６０年ニューヨーク州ニューヨーク生まれ。１９８４年にテレビシリーズ『オール・マイ・チルドレン』で女優デビュー。『ザ・ファイター』（２０１０年）で念願のアカデミー助演女優賞を獲得。放送禁止用語であるＦワードを口にした授賞スピーチも話題になった。「言葉が出ない。２年前ケイト・ウィンスレット（のスピーチ）を見たときはファッキン簡単そうって思ったのに！」

スカー会員にとってのアワードシーズンは「タダ飯シーズン」と表現されている。反して、彼らの好意を獲得したい監督や俳優たちにとっては激務の季節にほかならない。アワードキャンペーンが「映画製作よりもハード」といわれる大きな理由もここにある。

## アカデミー会員向けイベント

『ルーム』（2016年）にて主演女優賞を獲得した**ブリー・ラーソン**は、アワードキャンペーン期間と他国での新作撮影が被ったことから、アカデミー賞ノミネート発表の時点でハワイからLAの移動を4回、オーストラリアとブラジルからLAへの移動を各2回ずつこなしていた。それほどまでに重要な会員向けイベントにおいて、監督や俳優たちは、場を盛り上げるトークのみならず、会員一人一人と握手したり写真を撮ったりして好感度を稼いでいく。レオナルドのほかにスコセッシ監督や**ベン・アフレック**監督作『アルゴ』（2012年）のアワードキャンペーンを担当してきた前出ペギー・シーゲルは、この「会員向けイベント」において甚大な影響力を持つフィクサーとして知られている。彼女やワインスタインがあまりに活躍しすぎたため、アカデミー賞側がキャンペーン規則を変更したりもしているが、結局のところ、こうした文化は続いているとされる。

**ブリー・ラーソン**
1989年、カリフォルニア州サクラメント生まれ。子役としてキャリアをスタートし、『ルーム』（2015年）でアカデミー主演女優賞を受賞。さらにマーベル映画初の女性単独主演作『キャプテン・マーベル』（2019年）の主人公キャロル・ダンバースを演じたことで世界的な知名度を獲得した。元々腕立て伏せすら満足にできなかったが、スーパーヒーローを演じるためハードなトレーニングに励み、数カ月で2000kgものジープを押して動かせるほどのパワーを手に入れた。

**ベン・アフレック**
1972年、カリフォルニア州バークリー生まれ。インディー映画に出演してキャリアをスタート。幼なじみのマット・

俗的な表現では「会員接待」みたいなものだが、ここに関する報道を読めば、サプライズとされた結果にも納得がいくかもしれない。代表例は2011年の作品賞だ。作品自体は絶賛されていた『ソーシャル・ネットワーク』の監督**デヴィッド・フィンチャー**は、海外における新作撮影を一因として、会員が集まる場にあまり顔を出さなかった。一方、プライベートイベントに通いつめて会員たちと熱い握手を続けた存在こそ、同年ウィナー『英国王のスピーチ』監督、**トム・フーパー**である。

2017年、重要前哨戦の多くを制した『ラ・ラ・ランド』を退けて『ムーンライト』が作品賞を獲得した際もサプライズと受けとめられたが、後日、ABC Newsにて「『ムーンライト』のチームはニューヨークだけで7回くらい会員向けイベントを展開していた。監督やキャストと有意義な話ができて素晴らしかった」との報告および感想が掲載されている。

「会員接待」スキルに優れたスター俳優も存在する。アメリカで知名度が低い頃より前出ペギー・シーゲルのお気に入りだった英国俳優**エディ・レッドメイン**がよい例だ。『博士と彼女のセオリー』(2015年)にてアワードレースの先頭に立った彼は、オスカー会員向けイベントにて「その場全員の赤ちゃんにキスをしていった」ほどのサービスで

デイモンと共作した『グッド・ウィル・ハンティング／旅立ち』(1997)でアカデミー脚本賞を受賞し、注目を集める。弟ケイシーもアカデミー賞主演男優賞(『マンチェスター・バイ・ザ・シー』)を獲得しているため、兄弟でオスカーウィナーである。

**デヴィッド・フィンチャー**
1962年、コロラド州デンバー生まれ。10代の頃に映画制作を始め、ミュージックビデオやCMの監督を経て『エイリアン3』(1992年)で映画監督デビュー。ブラッド・ピットを主演に迎えた『セブン』(1995年)や『ファイト・クラブ』(1999年)で人気映像作家の仲間入りを果たした。2016年、離婚したブラッド・ピットはサンタモニカにあるフィンチャーのバンガローに転がり込み、パパラッチに見つかるまで1カ月半ものあいだ手厚いサポートを受けたという。

大好評を博した結果、ベテラン俳優**マイケル・キートン**に競り勝ち、33歳の若さで主演男優賞に輝いている。

## バチカンでのローマ法王謁見

2016年のレオナルド・ディカプリオの受賞はサプライズでもなかったが、スーパースターさながらのキャンペーン展開は衝撃的だった。このシーズンに彼が訪れたレッドカーペットは合計53個との報告もある。ペギー・シーゲルはマディソン・アベニューのミシュラン獲得日本料理店「Kappo Masa」で会員向けパーティーを開き、極寒地でのサバイバル撮影の苦労を名優**ロバート・デ・ニーロ**に重ねて演説してみせた。大御所歌手**スティング**が歌を披露する場面もあったようだ。

ミート・アンド・グリートつきの会員向けQ&Aイベントには、絶大な影響力を持つ伝説的歌手でありオスカー女優**バーブラ・ストライサンド**の姿もあったという。スターパワーを駆使したレオは、投票開始を前にした1月、さらなる大物を相手どる。なんと、バチカンでのローマ法王謁見を成し遂げたのだ。2人が話した話題は、レオが長年取り組んできた環境問題だったという。なにせ相手は法王なのだから、このタイミングは偶

**トム・フーパー**
1972年、イングランドのロンドン生まれ。10代の頃から映画監督を志し、テレビシリーズの監督を経て『英国王のスピーチ』(2010年)でアカデミー賞で作品賞を含む4部門を受賞。2020年には、日本で行われた『キャッツ』(2019年)チャリティ上映会にて天皇一家と猫談義に花を咲かせた。

**エディ・レッドメイン**
1982年、イングランドのロンドン生まれ。舞台俳優としてキャリアをスタート。2016年から『ハリー・ポッター』シリーズのスピオフ『ファンタスティック・ビースト』シリーズにニュート・スキャマンダー役で主演している。同シリーズにかけて「目立ちたがり屋のグリフィンドールや野心的なスリザリン出身者に満ちたハリウッドにおいて、唯一のハッフルパフ寮生」と称賛されるなど、謙虚で礼儀正しい

然だったのかもしれないが、「最大級のオスカーキャンペーン」と受けとめられたことは言うまでもない。とにかく、彼はペギー・シーゲルの宣告どおり、レースに勝った。

## 栄誉ある賞はお金で買える？

余談だが、こうしたオープンなアワードキャンペーンは、なにも劇場映画界に限らない。テレビ界を代表するエミー賞においても同様の動きが観測できる。たとえば、2019年、最終投票開始の数日前に実施されたAmazonスタジオ製作コメディドラマ『マーベラス・ミセス・メイゼル』の企画は凄まじかった。エミーキャンペーンとして、ロサンゼルスの一地域を1日限りで作品と同じ1959年の世界に変える「メイゼル・デイ」を主催したのだ。ここでAmazonと協力した現地のホテルや飲食店は、揃って提供価格を1959年の物価とした。つまり、この日、街にいる人々は普段319ドルする高級ホテルに40ドルで泊まれたし、通常20ドルのハンバーガーを50セントで食べることができた。なかでも話題になったものは、1ガロンあたり3・6ドルのガソリンが30セントに値下げされたこと。ソーシャルメディアで話を聞きつけた人々が当該ガソリン・スタンドに集まった影響で車道と街がパンクする事態にまで発展している。投票者の関心を惹くために一体いくらかかったのか想像するだけで恐ろしいが、ここで費やされた

パブリックイメージを持つ。

**マイケル・キートン**
1951年、ペンシルベニア州コラオポリス生まれ。大学を中退したのち、スタンドアップ・コメディアンとしてキャリアをスタート。『バードマン あるいは(無知がもたらす予期せぬ奇跡)』(2014年)ではアカデミー主演男優賞にノミネートされた。授賞式にてエディ・レッドメインの名前が呼ばれた際、用意してきたスピーチ原稿をそっと胸ポケットにしまう哀愁漂う姿が映されて同情を集めた。

マネーが最大の賞につながったわけではない。この年、『ミセス・メイゼル』はエミー賞のコメディ作品賞や主演女優賞を逃している。同じAmazon系列のドラマ『Fleabag フリーバッグ』にさらわれてしまったのだ。

アカデミー賞にしても、大金で買えるとは限らない。キャンペーン費用がかさみつづけた2010年代末期、主要映画スタジオがオスカーキャンペーンに投じる額は1000万ドルほどとされる。しかしながら、2018年、オスカーを本気で狙ったストリーミングサービスの巨人Netflixの資金力は桁が違った。同社が有力候補作『ROMA／ローマ』に費やした額は、映画製作費を大きく超える4000万ドルから6000万ドルと伝えられている。つまりは40億円以上。ここまで積み上げるとなると一見有利に思えるが、この年は反対に動いてしまったようだ。「劇場文化を侵すNetflixへの投票は映画の死を意味する」と主張していった競合チームのアンチキャンペーンもあって、会員のあいだで「金で買える賞と思わせてはいけない」気運が活発化していき敗因につながった旨がVultureより報告されている。ちなみに、ライバルの悪評を流す「ささやきキャンペーン」はオスカーレースにおける常套手段といわれており、同年の作品賞を受賞した『グリーンブック』にしても、脚本家が過去にツイートしたイスラム教徒差別発言など、多くのスキャンダルが噴出していた。

**ロバート・デ・ニーロ**
1943年、ニューヨーク州ニューヨーク生まれ。60年代から俳優として活動するベテラン。撮影前に徹底した役づくりを行う「デ・ニーロ・アプローチ」と呼ばれるスタイルがリスペクトされている。1981年に開催された第53回アカデミー賞で主演男優賞(『レイジング・ブル』)を獲得した際、「(スピーチの)セリフを忘れたから監督が用意してきてくれたものを読むよ」と本当か嘘なのかわからないジョークを飛ばした。

**スティング**
1951年、イングランドのニューカッスル生まれ。1977年にロックバンド「ザ・ポリス」を結成し、ボーカリスト／ベーシストとして活躍。ラーメンオタクであり、2016年には日本のベストラーメン店ランキングを発表した。1位「らーめん山頭火」、2位「麺匠 竹虎」、3位「博多一大金が舞うオスカーレースに難色を示す有名人も存在する。1980年代から1990年代にかけて合計5つのノミネートを得たオスカー女優**スーザン・サランドン**は、2016年、巨額の費用が投資されるアワードキャンペーンを直接的に批判し、改革を呼びかけている。もう少し若い俳優では、『それでも夜は明ける』(2014年)『スティーブ・ジョブズ』(2016年)にてノミネートを受けた**マイケル・ファスベンダー**が「自分は政治家ではなく役者」だと宣言して不参加を表明した。

アワードキャンペーンに参加しなかったにもかかわらず受賞に至るサプライズ展開もときどき起こる。『プレシャス』(2009年)に出演した**モニーク**は、監督を怒らせるほどアワードキャンペーンに協力しなかったにもかかわらず、みごと助演女優賞を獲得してみせた。ステージに立った彼女の第一声は皮肉が利いていた。「まず感謝させてください。アカデミー、政治ではなく演技に目を向けてくれてありがとう!」後年、この逸話によって「気難しい女優」だと噂されたため役を失った、と告白する仕儀になってしまったが……。

風堂」で、フェイバリットは素材の味を活かした塩味。

**バーブラ・ストライサンド**
1942年、ニューヨーク州ニューヨーク生まれ。女優としては『ファニー・ガール』(1968年)でアカデミー主演女優賞を受賞し、『スター誕生』(1976年)では作曲家としてアカデミー歌曲賞を受賞した。『愛のイエントル』(1983年)で映画監督としてデビューしている。大の犬好きで、亡くなった愛犬のクローンを飼育している。

**スーザン・サランドン**
1946年、ニューヨーク州ニューヨーク生まれ。『ジョー』(1970年)でスクリーンデビュー。カルト的人気を誇るミュージカル映画『ロッキー・ホラー・ショー』(1975年)ではヒロインを演じた。かなりリベラルな活動家でもある。

## アカデミー賞を巡る競争の激化

毎年ハリウッドを騒がせるアカデミー賞レースだが、元々は、今現在のようなキャンペーン競争は存在しなかったとされる。たとえば、20世紀と21世紀で合計3つの受賞を果たし、さらには同ワード史上最多ノミネート数を誇るメリル・ストリープは、オスカーキャンペーンを行わない存在として知られてきた。映画に出るたびお約束のようにノミネートされるため「アカデミー賞のお気に入り」と揶揄されることもあるが、2003年には、激化する競争に関して「見苦しく、アワードの整合性を失わせている」「まるで金で勝つ政治のよう」と苦言を呈したこともある。

しかし、そんな彼女も、『マーガレット・サッチャー 鉄の女の涙』（2011年）シーズンにおいては、ハーヴェイ・ワインスタインとともに大々的なアワードキャンペーンを行った末、オスカー像を手中に収めている。「お約束のように毎回ノミネートされる女王様」すらもアピール合戦に加わらないと勝利が見えないほど、競争は激化しつづけているのかもしれない。

**マイケル・ファスベンダー**
1977年、ドイツのバーデン＝ヴュルテンベルク州生まれ。『X-MEN』シリーズのマグニートー役で知られているほか、『それでも夜は明ける』（2013年）や『スティーブ・ジョブズ』（2015年）の演技が高く評価されている。性依存症者を演じた『SHAME -シェイム-』（2011年）にてヌードを披露。ジョージ・クルーニーに「僕が背負っていた〝真正面ヌード〟責任を引き継いでくれてありがとう」と感謝された（映画で真正面から裸体を映すとなると、股間部分まであらわになる）。

**モニーク**
1967年、メリーランド州ボルチモア生まれ。コメディアンとしてキャリアをスタート。2009年に出演した『プレシャス』でアカデミー助演女優賞を受賞した。彼女のように、アカデミー賞を獲得したことで逆にキャリアが減退すちなみにアカデミー賞史上、最多受賞を誇る俳優は、1930年代から1980年代にかけて4つの賞を得た大女優**キャサリン・ヘプバーン**だ。伝説的存在の彼女は、公の場を嫌い、アカデミー賞に出席しなかったことで知られる。唯一出席した回は、初受賞から約40年経った1973年、友人にアービング・G・タルバーグ賞を贈るプレゼンターとして登場したときのみだ。こうしたクールな逸話も人気に拍車をかけているわけだが、当時、友人のためについに壇上に立ったキャサリンは、ジョークで会場をわかせてみせた。

「怒号に包まれなくて良かったわ！　人間は、41年間ものあいだ、自己中心的にならず、辛抱強く待っていられる……私はそれを証明する存在ね！」

キャサリンの言葉は、「アカデミー賞に立つ彼女を見るために41年間も待った人々」に向けられているのだろう。ただし、捉え方によっては、辛抱強くチャレンジを続けたレオナルド・ディカプリオのような俳優に対する励ましになるかもしれない。はたまた、数十年後の功労賞まで待っていられずに、大金を投じて争いを繰り広げる者にとっては、耳が痛いセリフだろうか。

る現象を「オスカーの呪い(Oscar curse)」と呼ぶ。その代表例であったミラ・ソルヴィノ(1995年に『誘惑のアフロディーテ』で助演女優賞)は、ハーヴェイ・ワインスタインからの性的ハラスメントに抗ったがためにキャリアを絶たれたと語っている。

**キャサリン・ヘプバーン**
1907年5月12日、コネチカット州ハートフォード生まれ。『勝利の朝』(1933年)でアカデミー主演女優賞を初受賞し、『招かれざる客』(1967年)、『冬のライオン』(1968年)、『黄昏』(1981年)でもアカデミー主演女優賞を獲得した。2003年、老衰のため逝去。享年96歳。彼女から「オスカーの女王」の座を引き継いだ存在こそメリル・ストリープだが、生前のキャサリンはメリルのことを「計算しすぎな演者」と評して好んでいなかったと伝えられている。

# メリル・ストリープ

## #MeTooでは
## 女性も悪役？

# Meryl Streep

## ハリウッド女優としての華々しい経歴

70代に至るまでハリウッドの女王として君臨するメリル・ストリープは、ポスト#MeToo時代を先取りする存在でもあった。彼女の来歴はまさに華々しい。1949年、ニュージャージー州に生まれ、奨学金を手にイェール大学演劇大学院に入り、キャロル・ダイ演技賞を持って卒業。舞台俳優として活躍しトニー賞ノミニーにもなったが、映画『タクシードライバー』(1976年)に主演したロバート・デ・ニーロの演技に感銘を受け、『ジュリア』(1977年)で映画デビューを果たした。その後のハリウッドにおける栄光は説明するまでもないだろう。

2012年には、かつての憧れの名優であり盟友、ロバート・デ・ニーロから持ち上げられる存在にまでのぼりつめた。ゴッサム・インディペンデント映画賞におけるメイド・イン・ニューヨーク・アワードを同時受賞した際、彼はこうおどけてみせた。「メリルと受賞数が同じだなんて、誇らしいよ。だけど来年には抜かれるだろう。オスカーも、ゴールデングローブ賞も、エミー賞も、すべて俺が負ける」次に演説したメリルもジョークで返した。「私より前にデ・ニーロに受賞させるなんて信じられない！　まぁ、アカデミー賞でも〝助演〟男優賞は〝主演〟女優賞の前に発表されるからね」

『レオナルド・ディカプリオ』章でも説明したように、メリル・ストリープは『クレイマー、クレイマー』（1979年／助演女優賞）、『ソフィーの選択』（1982年／主演女優賞）、『マーガレット・サッチャー 鉄の女の涙』（2011年／主演女優賞）にて3つのオスカー像を獲得している。ノミネート数に至っては、自身が保有する史上最高レコードを更新しつづけている状態だ。ハリウッドにおいて、激しいエイジズムを向けられる女優の立場でありながら70歳を越してもトップスターでありつづけるメリル・ストリープは、まさしくアメリカ映画界の女王である。

## プラダを着た悪魔

彼女の演技表現を讃える評はいくらでもあるわけだが、それと同時に、キャラクター造形の才も持っていることをご存知だろうか。たとえば、日本でも人気を誇る『プラダを着た悪魔』（2006年）における逸話。ファッション雑誌の編集部を舞台にした本作において、メリルは助演として**アナ・ウィンター**をモデルにしたような「悪魔の編集長」ミランダ・プリーストリーを演じてみごとアカデミー賞ノミニーに輝いたのだが、それ

**アナ・ウィンター**
1949年、イングランドのロンドン生まれ。10代の頃から編集者としてのキャリアを積み、英国版Vogueの編集長を経て、1988年からアメリカ版Vogueの編集長を務める。ボブカットとサングラスがトレードマークで、ファッションアイコンとして知られている。アイコニックなポーカーフェイスが目印だが、2019年、メリル・ストリープとの対談で、今まで一番難しかった役はなにかを聞いたとき、少し沈黙したメリルから「あっ、そういえば……」と『プラダを着た悪魔』をチラつかされた際には「それはやめて」と恥ずかしがっていた。

までの道のりは結構な紆余《うよ》曲折《きょくせつ》だった。出演オファーを受けたメリルは、そこで提示された「屈辱とまではいかない」ギャランティに納得せず、キャリア初の交渉に出た結果、2倍の報酬を獲得している。その後も彼女は「編集長」よろしく注文を続けた。ミランダというキャラを題名どおりの「悪魔」ではなく「ビッグビジネスをつかさどる多面的な女性」として造形するため、プロフェッショナリズムと脆《ぜい》弱《じゃく》性を表す2シーンを入れるべきと提案したという。

具体的には、ファッションを馬鹿にする**アン・ハサウェイ**演じる主人公に対する**[*]「セルリアン・ブルーのセーター」説法**、そして**[*]ホテルにおいて性差別的なメディアにおびえるシークエンス**である。ラストのハイライトすらも変えた。個人的な傲慢がにじむ「みんな私に憧れている」というセリフを、ファッションビジネス家としての誇りが香る「みんな私たちに憧れている（Everyone wants to be us.）」に変更したのだ。演者がここまでメインプロットを変更させることに関しては賛否があるだろうが、メリルの指示がなかった場合、『プラダを着た悪魔』が10年以上も愛されるクラシックになったのかは疑わしい。2020年になっても、映画ファンやユニクロ含むコラボレーション企業がたびたび引用する名シーンと名台詞は、ほぼメリル・ストリープの采配によって生まれたものだ。

**アン・ハサウェイ**
1982年、ニューヨーク州ニューヨーク生まれ。『プラダを着た悪魔』（2006年）でブレイクを果たす。2012年には『ダークナイト ライジング』や『レ・ミゼラブル』という話題作に立て続けに出演し、人気を不動のものした。『プラダを着た悪魔』のメリル・ストリープについては、「横暴で耳障りな声で演じると思っていたから彼女が控えめな声色で撮影を始めたときはその場の全員が息を呑んだ」と回想している。友人クリント・イーストウッドをモデルとしたメリルいわく「クリントがおだやかな声で話すと、周囲の人々は集中して耳をすませミランダは、単純な「悪魔」ではない女性キャラクターだからこそ語り継がれるヴィランになったと言っていい。当時50代だったメリルは、ギャラ交渉を行ったうえに女性表象の多様化も促進したことになるわけだが、実はこれ、2010年代後半、#MeTooムーブメントが活性化した頃には「ハリウッドスター女優の定番」となった姿勢である。つまり、ハリウッドの女王は、フェミニズム的パワープレイヤーとしての側面も持ち併せていたことになる。2017年開催のゴールデングローブ賞やアカデミー賞にてドナルド・トランプ大統領と舌戦を繰り広げた「民主党派セレブリティ」代表者だけある功績だろう。しかしながら、いざ#MeToo旋風が盛り上がりを見せた同年、メリル・ストリープはバッシングを受ける立場に陥っていた。ロサンゼルスには、彼女を糾弾するストリートアートまで出現。そのSupreme風のポスターには、メリルの顔面の上に文字がおどっていた。「She knew（彼女は知っていた）」

## 不都合な真実

メリル・ストリープはなにを「知っていた」のか？　#MeTooとは、一般的に、長きにわたって黙殺されていたハラスメント被害を告発するムーブメントを指す。黒人女性運動家**タラナ・バーク**が考案したとされるこのスローガンは、2017年、世界中に知

る。そうして彼は自動的にその場の支配者になる」

**＊セルリアン・ブルーのセーター**
有名ファッション誌の編集長（メリル・ストリープ）が、ファッションの仕事を馬鹿にした主人公アンディ（アン・ハサウェイ）が着ているブルーのセーターを指して「あなたが〝ファッションとは無関係〟と思ったセーターは、そもそもここにいる私たちが選んだ」と言い放ち、数百万ドルものお金と無数の労働を経て成り立つファッション産業の仕組みを説く場面。

**＊ホテルのシークエンス**
ミランダ（メリル・ストリープ）と夫の離婚が決まり、それをメディアにバッシングされることと、それに伴う娘たちへの悪影響を危惧する場面。それまで常に強気で傲慢だったミランダが、アンディ（アン・ハサウェイ）の前で弱みを見せる。

れ渡ることとなった。ハリウッドの豪腕プロデューサーとして知られるハーヴェイ・ワインスタインによる連続的な性的暴行が複数人の証言によって告発されたのだ。この運動は政治界や美術界などにも波及するかたちで世界中に広まることとなる。

もちろん、震源地となったハリウッドは大騒動になった。『レオナルド・ディカプリオ』章で紹介したように、ハーヴェイは著名な大物プロデューサーであり、オスカー俳優たちを世話したことも数多い。2015年Vocativの調査では、アカデミー賞史上、受賞スピーチ中最も名指しで感謝された人物トップ2である。それゆえ、多くの人々が疑問を抱いた。「ドナルド・トランプ大統領の女性蔑視発言を糾弾してきたリベラルなハリウッドスターは、その横でワインスタインの性的暴行を黙殺していたのではないか?」こうした反応を想定してか、オプラ・ウィンフリーや**ジェニファー・ローレンス**、ジョージ・クルーニーなどのスターたちが「彼がそんなことをしていたなんて知らなかった」と訴える声明を発表していった。キャリア初期よりハーヴェイと親しい関係にあったマット・デイモンの場合、性的暴行の揉み消しに協力していた旨が告発されたが、「知っていたら絶対に止めていた」と釈明している。

ハリウッドがカオスに包まれるなか、かつてハーヴェイを「神」とまで讃えていたメ

**タラナ・バーク**
1973年、ニューヨーク州ニューヨーク生まれ。彼女が考案した「Me Too」のスローガンは2017年にハッシュタグ「#MeToo」として急速に広まった。同年、TIMEが選ぶ「パーソン・オブ・ザ・イヤー〝沈黙を破る者たち(性的暴行の告発者)〟」の一人に選ばれた。彼女自身も性暴力の被害に遭った経験の持ち主である。マイノリティ人種やセクシャル・マイノリティなど、すべての人々を包括する社会正義を訴えかけている。

**ジェニファー・ローレンス**
1990年、ケンタッキー州ルイビル生まれ。『X-MEN』シリーズや『ハンガー・ゲーム』シリーズに出演して大きな知名度を獲得。性依存症の女性を演じた『世界にひとつのプレイブック』(2012年)ではアカデミー主演女優賞を獲得した。快活なパブリックイメージも人気を博している。

リル・ストリープは、まさしく「知っていた」疑惑の標的であった。当時、告発した女性たちをヒーローと讃えながら「誰もが知っていたわけではない」「私に対して彼は敬意を持って仕事をしていた、ほかのたくさんの人々とも」と弁解した彼女に対して、告発者の一人である女優**ローズ・マッゴーワン**は「メリルが彼の行動を知らなかったなどありえない」と名指しで糾弾している。2018年には、ワインスタイン側すら大女優の「知らなかった」発言を利用した。裁判において「すべての女優にとって彼との仕事が不快だったわけではないこと」を示すサンプルとして提出したのだ。

真相は「藪の中」状態だが、想像を巡らしてメリルを擁護することもできる。ハーヴェイが立ち上げたミラマックスが拡大した時期は、おもに1980年代とされる。当時、メリルはすでにオスカー像を持つ大物俳優だったため、ハーヴェイから丁寧なコミュニケーションを受ける立場だったとしても不思議ではない。

## ハリウッドにおける性差別の実態

ワインスタイン告発から活性化した#MeTooムーブメントを経て、ハラスメントやジェンダー格差問題の解消を目標とするTime's Up司法支援基金が設立された頃、ハリ

2012年、ゴールデン・グローブ賞受賞スピーチの第一声は「メリルに勝った!」

**ローズ・マッゴーワン**
1973年、イタリアのフィレンツェ生まれ。幼少の頃からモデルとして活動し、ヒット映画『スクリーム』(1996年)で主人公の友人を演じたことで広く知られるようになる。フェミニズム運動家としても活動しており、タラナ・バークと同様、2017年にはTIMEによって"沈黙を破る者たち"の一人に選ばれた。ラディカルな言動でも知られる。2020年には、アカデミー賞にて「ノミネートされるべき女性監督」の名前を刺繍したガウンを着用したナタリー・ポートマンを「ほかの女性を気にかけるフリをするAリスト女優」と糾弾したが、そののちに後悔を表明している。

ウッドのトップ女優たちは、ある種『プラダを着た悪魔』のメリルのようになっていった。その象徴には、秘密主義的な姿勢で知られる名女優**ミシェル・ウィリアムズ**がいる。2017年、俳優**ケヴィン・スペイシー**のスキャンダルによって映画『ゲティ家の身代金』の撮り直しが行われた際、そこで支払われた報酬が主演男優**マーク・ウォルバーグ**の1500分の1にも満たなかったことが報道された（マーク150万ドル、ミシェル1000ドル未満）。このことを報道で知ったミシェルはとくに驚かなかったという。ハリウッド俳優が受ける報酬のジェンダーギャップは有名だ。その格差規模は1980年と2015年でほぼ変わっていないとする調査も出ている。

ミシェルの件にしても、第1報が出た頃はほとんど騒がれなかった。しかし、その少しあとにTime's Up運動が巻き起こった。2018年1月には、ミシェルやメリル・ストリープを含むスター女優たちがブラックのドレスでゴールデングローブ賞授与式に参加して、同運動の存在を世界中に発信。そこに居合わせたミシェルの友人**ジェシカ・チャステイン**がTwitterで『ゲティ家の身代金』ギャラ格差問題についてツイートしたことで、同ニュースはたちまちショービズ界を騒がせる大ニュースになっていった。のちに、ミシェルはこう振り返っている。「個人的な屈辱が社会のターニングポイントになった」女性の連帯、そして#MeTooムーブメントと出会ったミシェル自身も、人生が変わったの

**ミシェル・ウィリアムズ**
1980年、モンタナ州カリスペル生まれ。幼い頃に演技を学びはじめ、『ブロークバック・マウンテン』（2005年）や『ブルーバレンタイン』（2010年）の演技が高い評価を受けて、演技派女優としての地位を確立した。『ブロークバック・マウンテン』で共演したヒース・レジャーと交際して娘も生まれたが、2008年に破局。その5カ月後、ヒースが急逝したことでパパラッチに張りつかれることとなり、より秘密主義になったと語っている。

**ケヴィン・スペイシー**
1959年、ニュージャージー州サウスオレンジ生まれ。舞台俳優としてキャリアをスタートし、テレビシリーズ『ハウス・オブ・カード 野望の階段』（2013〜2018年）で主演を務めるなどして人気を

だという。騒動以降、彼女は率先的にジェンダーギャップや政治について語るようになった。2019年のエミー賞では、とくに有色人種の女性が曝される男女賃金格差の問題について、2020年のゴールデングローブ賞においては中絶の権利や投票の大切さを掲げ、万雷の拍手を受けている。映画製作現場においても、「今日の社会を反映する女性キャラクター像」を望むようになったらしく、『スパイダーマン』シリーズの大作『ヴェノム』(2018年)に出演した際、監督に対してこう宣言した。「#MeTooのTシャツを着られないことはわかってる。でも、私はそのフィーリングを求めてる」『プラダを着た悪魔』の頃ならば、メリル・ストリープのギャラ交渉や非ステレオタイプな女性像探求は「さすが大女優」といわれるような行動だったかもしれない。しかし、#MeTooムーブメントを経て、それらの労働、創作姿勢は、少なくともトップ女優のあいだでは一般的なものになっていたのだ。

補足しておくと、ハリウッドにおける男女間報酬格差への問題提起は、ワインスタイン告発がなされる前から芽吹いていたといえる。たとえば、2015年、ソニー・ピクチャーズのハッキング被害によって共演男優より低い報酬を得ていたことが発覚したジェニファー・ローレンスは、交渉しなかったことへの後悔、声をあげることとの大切さを語るステートメントを発表している。同リーク情報に動揺したという**シャーリーズ・**

博していたが、2017年、過去に少年(当時14歳)に対し性的関係を迫ったことを告発され、表舞台から姿を消した。その翌年、『ハウス・オブ・カード』で演じた悪徳政治家のように振る舞う弁解ビデオを投稿して話題を呼んだ。

**マーク・ウォルバーグ**
1971年、マサチューセッツ州ボストン生まれ。日本でもヒットした『テッド』シリーズやSF超大作『トランスフォーマー』シリーズでおなじみ。2012年、9・11でワールド・トレード・センターに突入した175便に乗る予定だった過去に関して「もし自分が乗っていたら(テロリストを血祭りにあげていただろうから)違う結果に終わっていた」と発言して批判を浴びた。

**セロン**にしても、同年、『スノーホワイト／氷の王国』（2015年）にて男優**クリス・ヘムズワース**と同額のギャラ獲得のために交渉したことを明かし、平等の権利の取得の重要性を説いている。さらに、この年のアカデミー賞主演女優賞を獲得した**パトリシア・アークエット**のスピーチは、女性の平等な給与と権利を訴える内容であった。2010年代後半、エンターテイメント界で派手に喧伝されるフェミニズム関連の問題は「ポスト#MeToo」と括られがちであったが、『レディー・ガガ』章で触れたように、2017年以前から注目度が高かったイシューも多い。2010年代を通してジェンダー格差やハラスメントへの問題意識が拡大していたからこそ、大々的な#MeTooムーブメントが成立する地盤が育まれていたともいえるかもしれない。

## 怒れる女性たち

「ポスト#MeToo」と称賛されがちだった「映画における女性表象の多様化」にしても、ワインスタイン告発が起きる前から進んでいたといえるだろう。たとえば、ちょうど2017年に大ヒットした映画『ワンダーウーマン』は性差別問題も描いていたこともあり「#MeToo時代」を象徴する女性スーパーヒーロー作品と喝采されたが、本作が企画製作されたのは無論ワインスタイン告発より前だ。本作のメガヒットのあとには、『オー

**ジェシカ・チャステイン**
1977年、カリフォルニア州サクラメント生まれ。『ヘルプ～心がつなぐストーリー～』（2011年）の演技でアカデミー賞助演女優賞、『ゼロ・ダーク・サーティ』（2012年）でアカデミー主演女優賞にノミネートされている。Twitterでたびたび性差別問題を訴えている。友人ミシェルを助けたことについては、「誰も一人で危ない橋を渡るべきではない」として「一人の女優にネガティブなレッテルをつけるのは簡単だが、集団になってしまえば難しくなる」と論じた。

**シャーリーズ・セロン**
1975年、南アフリカのハウテン州生まれ。ヨーロッパでモデルとしてキャリアをスタートし、バレエダンサーを目指してアメリカへ渡る。膝の怪我でバレエの道を断念したのち、女優として活動をスタート。キャリアの初期は「モデル系の美人女優」として扱われるこ

シャンズ8』(2018年)、『キャプテン・マーベル』(2019年)、『ストーリー・オブ・マイライフ　わたしの若草物語』(2019年)などがフェミニズム的な評価を得ながら女性リード映画として好成績を達成している(もちろん、評価に関してさまざまな議論はあるが)。

消費者のコンテンツ選択肢が増加した2010年代後半、既存IP(Intellectual Property=知的財産)ブロックバスター頼みになりつつあった劇場映画産業にとって、女性、黒人、ラティーノをターゲティングした作品は「一定の客層を集められるコストパフォーマンス良きジャンル」だったとも伝えられている。つまり、「女性作品」や「フェミニズム」「#MeToo的」との冠をつけられる作品群には、商業的な好機も到来していたのだ。そもそも、2010年代アメリカのポップカルチャーでジェンダーや多様性にまつわる議論が活発化したきっかけとなった作品は、Netflixの初期オリジナルドラマ『オレンジ・イズ・ニュー・ブラック』シリーズ(2013~2019年)とされる。

#MeTooによってアメリカのポップカルチャーにおける女性表象が一気に変わったわけではないことは留意しておきたい。しかしながら、「劇場映画よりもクリエイティブで動きが早い」といわれるほどの黄金期を迎えていたテレビドラマ界で、ワインスタイン

とが多かったが、実在する連続殺人犯を演じた『モンスター』(2003年)の鬼気迫る演技が高く評価され、アカデミー主演女優賞を受賞した。本人によると、ハリウッドは美しい長身の女性が「人間的で魅力的な役」をもらいにくい状況にあるそう。

**クリス・ヘムズワース**
1983年、オーストラリアのメルボルン生まれ。『スター・トレック』(2009年)でハリウッドに進出。2011年にマーベル映画『マイティ・ソー』シリーズおよび『アベンジャーズ』シリーズで雷神ソーを演じたことで世界的に大ブレイク。筋肉質な男優スターだが、女性たちを主役とした2016年版『ゴーストバスターズ』では、女優に充てられがちであった「セクシーなおバカ」役を演じるなど、既存のジェンダー観にとらわれないキャリアを築く。

告発後となる2018年から2019年にかけて、どのような描写が目立ちいかに評論されていったか探る試みはなかなかに面白い。たとえばエミー賞受賞作『ハンドメイズ・テイル／侍女の物語』（2018年〜）やSF大作『ウエストワールド』（2016年〜）のシーズン2を筆頭に、「怒れる女性キャラクター」ムーブメントが注目された。アメリカのショービズにおいて「非論理的なヒステリー」として描写されることが多かった「怒れる女性」たちは、ポスト#MeToo時代、画面の前の女性たちと共鳴するかのように、緻密に描かれ受容されていったのだ。

## 加害者としての女性

もうひとつ注目されたキャラクター造形は「加害者としての女性」。女性が性的ハラスメント加害者となる『アンブレイカブル・キミー・シュミット』シーズン4（2018年）のような作品や、暴行被害を訴える被害者を女性が攻撃する『ビッグ・リトル・ライズ』シーズン2（2019年）が挙げられる。「ハラスメント加害者やその隠蔽を手伝う人物＝男性」といったステレオタイプを崩すこちらのトレンドにしても、ポスト#MeTooの流れとマッチしていた。

**パトリシア・アークエット**
1968年、イリノイ州シカゴ生まれ。2014年に公開された『6才のボクが、大人になるまで。』では、12年間に渡って主人公の少年の母親を演じきり、アカデミー助演女優賞を獲得した。その翌年、受賞スピーチで男女間賃金格差を提起したことで仕事を失ったと明かしている。しかし、2019年から2020年には、実在の代理ミュンヒハウゼン症候群の母親を演じたドラマ『The Act』によってみごとエミー賞とゴールデングローブ賞に輝いてみせた。

**アーシア・アルジェント**
1975年、イタリアのローマ生まれ。イタリア映画を中心に活躍したのちに『トリプルX』（2002年）でハリウッドに進出。2017年にハーヴェイ・ワインスタインによる性的暴行を告発する運動の中心人物となったが、2018年、5年前にカリフォルニアのホテルで同ムーブメントにおいて告発された存在は、なにも男性だけではない。2018年、ワインスタインを告発した女優**アーシア・アルジェント**は、10代の男性と性的関係にあった過去、その被害者とされる存在に和解金を払っていたことが暴露されている。同年には、テレビドラマ『ヤング・スーパーマン』主演女優**アリソン・マック**がカルト集団のリクルーターとして勧誘した女性たちに指導者との性行為を強要した疑いで逮捕されている。また、ワインスタイン告発記事をリリースしたジャーナリスト、**ローナン・ファロー**の手記『Catch and Kill』（2019年）によると、ハラスメント被害者の味方として知られた弁護士**リサ・ブルーム**にしても、彼を罠にはめるような行動をとったようだ。

ちなみにローナンは、メリル・ストリープに関する「She Know（彼女は知っていた）」疑惑には賛同していない。告発記事をリリースする前、証言者を増やそうとしていた彼は、ハーヴェイと親しいメリルにも連絡をとっていた。そこで告発について知らされたメリルは息を切らすほど動揺していたという。ハーヴェイに行儀よく振る舞われていた大女優は、彼が映画編集室において横暴であったことしか知らなかった、というのがローナンの見解である。

当時17歳だった俳優のジミー・ベネットと性的関係を持ったこと（カリフォルニアでは18歳未満の者との性交は違法。アーシア・アルジェントは当時37歳）が報道された。告発当初はセクシャルな関係を否定していたが、それを認めるような自身のメールが流出したあとは「彼に覆いかぶさられた」被害者的な立場を主張した。

**アリソン・マック**

1982年、ドイツのシュレースヴィヒ＝ホルシュタイン州生まれ。2001年、テレビシリーズ『ヤング・スーパーマン』にクロエ・サリバン役で出演して知名度を獲得。2018年、自己啓発団体「NXIVM」内で行われた性行為の強要に関与した疑いで逮捕された。狙われた女性の中には女優エマ・ワトソンも含まれていたという。フェミニストとして活動するエマに対して「同様の女性支援活動を行っている」と誘いをかけたようだ。

## 「悪しき女性」キャラクター

ローナンの見解を信じるならば、LAの街に「She knew」ポスターまで貼られたメリル・ストリープはとんだ災難だったかもしれない。しかしながら、そんな経験を経ても、演技に活かしてしまう怪物性こそ、大女優の本懐である。実は、ポスト#MeTooにおける「悪しき女性」キャラクター表象ブームを決定づけた存在は、キャリア初のテレビシリーズ進出を決めた彼女にほかならない。前出『ビッグ・リトル・ライズ』シーズン2において、**ニコール・キッドマン**演じるドメスティック・バイオレンス被害者女性のセレステを攻撃した存在こそ、メリル演じる姑、メアリー・ルイーズ・ライトなのだ。劇中、彼女は自分の息子が暴行犯であった事実を認めようとしない。それどころか、セレステが「殴られて性的快感を得る性依存症であり精神疾患者」であると訴え、裁判を起こして孫の親権を奪おうとする……ここで興味深いことは、このおぞましい役柄が「She knew」疑惑においてメリル自身が着せられたネガティブイメージに近いことだ。ハーヴェイ・ワインスタイン告発記事が出てから2年間浴びせられてきたバッシングを演技表現に昇華してしまった趣すら漂っている。

**ローナン・ファロー**
1987年、ニューヨーク州ニューヨーク生まれ。ジャーナリストとして活動しており、2017年にハーヴェイ・ワインスタインの性的暴行に関する記事をThe New Yorkerに執筆したことで知られる。2018年にはピューリッツァー賞の公益報道部門をThe New York Timesと共同で受賞した。父親は映画監督のウディ・アレン、母親は女優のミア・ファロー。見た目がウディ・アレンと似ておらず「実の父親はフランク・シナトラ」という説がある。ミアの養子と再婚したウディは、もう一人のミアの娘ディランから幼少期の性的虐待を訴えられている。そのため、ローナンも彼を憎んでいることで有名。

**リサ・ブルーム**
1961年、ペンシルベニア州フィラデルフィア生まれ。政治評論家ビル・オライリーやドナルド・トランプの性的暴行疑

『ビッグ・リトル・ライズ』で暴行被害者女性を追いつめる怪演は、エピソードが放送されるたびにTwitterのトレンド入りを果たすほどの話題となり、メリル・ストリープに何度目かわからない最盛期をもたらした。どうやら、ハリウッドの女王はここでも、12年前の『プラダを着た悪魔』のときと同じく、製作サイドに意見してメアリー・ルイーズが「単純な悪役」になることを回避したようだ。結果どうなったかは本編を観てのお楽しみだが、そのプロフェッショナリズムが当時の社会を反映するような、つまりは「今まで見られなかった」と語られる女性表象に結実したことは確かだろう。

かつて、俳優には肉体のみならず精神のスタミナも必要であると語ったメリル・ストリープは、演ずることについてこのように語っている。「人間やものごとに興味深くないと、良い演者にはなれないでしょう」「演技以外のすべてから学ぶ。世界について、万物について、人間の状態について……それが私が求める俳優像です。私はすべてのこと、すべての人に関心がある。演技に制限はつけません」きっと、ハリウッドの女王は、自身を襲った「She knew」バッシングからも大いなる学びを得ただろう。もしかしたら、「メリル・ストリープのアンチ」すらも完璧に演じられるほどに。

惑を糾弾する弁護士として知られていたが、ハーヴェイ・ワインスタインが告発されそうになった際は、告発者の女性を陥れるように画策したといわれている。2019年には、告発の妨害工作を行ったとしてローズ・マッゴーワンから告訴された。

**ニコール・キッドマン**
1967年、ハワイ州オアフ島生まれ。オーストラリアで女優業をスタートし、『デイズ・オブ・サンダー』(1990年)でハリウッド進出を果たす。スタンリー・キューブリック監督の『アイズ ワイド シャット』(1999年)がヒットし、『めぐりあう時間たち』(2002年)でアカデミー主演女優賞を獲得した。パワーを持つ男性スターのトム・クルーズとキャリア初期に結婚したため、セクシャル・ハラスメントから守られていたと語っている。

## LGBTQを描かないハリウッド大作

2010年代のハリウッド映画は超リベラル、「多様性」とうたわれる描写は絶対に必要……そんなイメージを抱いている人もいるかもしれない。アメリカ映画界を代表する巨匠クリント・イーストウッドやクエンティン・タランティーノも「ポリティカル・コレクトネス」という言葉を用いて「適切な表現」が求められる風潮を批判したことがある。しかしながら、産業を象徴する大作に限れば、「多様性」主義とはいえないかもしれない。確かに2010年代は、ハリウッド大作でそれまで描かれてこなかったような有色人種や女性のキャラクターが活躍していったディケイドである。しかしながら、テレビドラマと比べて、明らかに描写されることが少ない存在があった。LGBTQの人々だ。

同性愛に限っても、その表象はさまざまな批判を受けつづけてきた。「メインストーリーと絡まないかたちでほのめかされる」これぞ、2010年代ハリウッド大作映画におけるゲイ描写ステレオタイプである。例えばそのままな作品となるのは、大勢が歓喜するシークエンスの背景でキスするレズビアンカップルを挿入した『スターウォーズ／スカイウォーカーの夜明け』（2019年）。ほかにも『美女と野獣』（2017年）や『スター・トレック BEYOND』（2016年）など、似たような人気作がぞろぞろと挙げられる。とくに批判を受けがちだった存在は、天下のディズニー・スタジオ。GLAADの調査によると、2018年、**ヴィト・ルッソ・テスト***をクリアする作品をひとつもリリースしていなかった主要スタジオは同社だけだった。

ハリウッド大作は、なぜLGBTQを描かないのか？　ビジネスの形態を考えればその答えが見えてくるかもしれない。大金をかけたハリウッドの映画作品は、国外マーケットの興行収入も狙わなくてはいけない。それゆえ、セクシャルマイノリティの描写には商業的リスクがつきまとう。アメリカと並ぶ世界最大級の映画市場を有する中国では、『君の名で僕を呼んで』（2017年）など、メインキャラクターが明確に同性と性的関係を持つ映画の上映が禁止される事例が出ている。また、同様の検閲はロシアやマレーシア、中東市場においても懸念される。グローバル展開を前提とした大作プロジェクトの多くが、こうした〝リスク〟を避けたいのではないか。前出『スカイウォーカーの夜明け』の「背景でレズビアンがキスする描写」は、メインストーリーと絡まないゆえに、

***ヴィト・ルッソ・テスト**
ベクデル・テスト（ジェンダーバイアス測定のために用いられるテスト）のLGBTQ版とされる。レズビアン、ゲイ、バイセクシャル、トランスジェンダー、クィアな人々が、そのセクシャリティでキャラクターを定義されないままプロットに関連するかたちで描かれているかなどが測られる。

他国での上映が危ぶまれた際は簡単にカットできる仕様だ。ただし、Varietyに取材を受けたある脚本家は、アメリカ市場においても同性愛表現はリスクだと述べる。たとえば『トイストーリー4』（2019年）の「女性2人が育児をするような描写」がレズビアン・モーメントだとして話題になった際、ディズニーは国内団体より反対運動を起こされている。これにしても、かなり「背景の一部」な描き方だったが……。

「アイデンティティ政治主義」の印象が強まったアメリカ映画産業だが、その前から言われてきた文句は今も健在だろう。「ハリウッドはお金があるところに集まる」2019年、前出Varietyに取材を受けた脚本家の一人は、スタジオが人種、民族について気にかけるようになって状況が改善したことを認めつつ、このように宣言した。「我々はいまだ、白人異性愛者キャラクターをデフォルトとする文化と闘っているのです」

# ブラッド・ピット

## マッチョな男らしさの黄昏

# Brad Pitt

## 美、富、名声を兼ね備えた「理想の男」

ブラッド・ピットはアメリカの「理想の男らしさ」を象徴する存在だ。小さく見積もっても、ハリウッドにおける白人男性として、2000年から20年間、そうした憧れを受けつづけた。1963年オクラホマ州に生まれ、オザーク高原の保守的な家庭のもと育ったブラッドは、映画愛をおさえきれず、大学を中退するかたちでハリウッドへと飛び立つ。20代後半になった1991年、フェミニスト映画としても名高い**リドリー・スコット**監督映画『テルマ&ルイーズ』劇中、主人公とゆきずりの関係になるセクシーな男を演じて知名度を上げた。そこからはムービースター街道まっしぐらとばかりに、ブラッドと似ていることでも有名な名優**ロバート・レッドフォード**監督作『リバー・ランズ・スルー・イット』(1992年)や**トム・クルーズ**との共演作『インタビュー・ウィズ・ヴァンパイア』(1994年)といった人気作に出演を続ける。愛嬌のある顔と健康的でワイルドな肉体を持つ彼が、世界中の女性たちを虜にしたことは想像に難くない。

1998年ごろには、人気ドラマ『フレンズ』に出演する国民的女優**ジェニファー・アニストン**と交際し、ゴシップメディアのヘッドラインにおいても「スター」状態になっ



**リドリー・スコット**
1937年、イングランドのタイン・アンド・ウィア生まれ。BBC(英国放送協会)で映像作家としてのキャリアをスタートし、CM監督を経て『デュエリスト/決闘者』(1977年)で長編監督デビュー。『エイリアン』(1979年)や『ブレードランナー』(1982年)などの人気作を監督し、世界的に知られる巨匠となった。2017年には、公開準備が整っていた監督作『ゲティ家の身代金』の主要キャストであったケヴィン・スペイシーがセクシャル・ハラスメントを告発されて降板する騒動に見舞われたものの、クリストファー・プラマーを代役に置き、約10日間の早撮りで修正版を仕上げてみせた。

**ロバート・レッドフォード**
1936年、カリフォルニア州サンタモニカ生まれ。20代の頃に俳優としてのキャリアをスタートし、舞台やテレビ

た。どこかパンクで皮肉屋な面もあったところが彼の魅力だ。たとえば、1990年代の全盛期に放たれたこの言葉。「仏教の三悪は、美、富、名声だそうだ。ということは、僕は八方塞がりだな」完璧な王子様のイメージからは抜け出ているからこそクールでワイルドな、「パーフェクトな男」それこそブラッド・ピットだったわけだが、世紀末にはさらにもうひとつカリスマ性が付与される。1999年、デヴィッド・フィンチャー監督作『ファイト・クラブ』が公開されたのだ。ここでブラッドは、鬱憤を抱える男たちが殴り合う反消費主義的な集会ファイト・クラブを主催するカリスマ的な人物タイラー・ダーデンとして怪演を見せた。興行成績こそ振るわなかったものの、ある種の自己実現とばかりに暴走していく男たちを描いた本作は「アメリカの男子大学生の部屋に貼ってある定番ポスター」といわれるほどのカルト人気を博すこととなる。そう、かなり乱暴な言い方だが、ブラッドは熱狂的な「男性人気」も獲得したのだ！

## タイラー・ダーデン・ボディ

ブラッド・ピットが「man's man」になった瞬間とされる『ファイト・クラブ』は、ハリウッドに多大な影響を与えた。最も視覚的にわかりやすいものは「スクリーンに映るスター男優の身体」である。作家**チャック・パラニューク**の小説を原作とする本作に

出演を経て『明日に向って撃て！』（1967年）、『スティング』（1973年）、『華麗なるギャツビー』（1974年）などに出演して映画俳優としての地位を確固たるものにする。2018年公開の主演作『さらば愛しきアウトロー』をもって俳優業からの引退を表明している。

**トム・クルーズ**
1962年、ニューヨーク州シラキュース生まれ。『トップガン』（1986年）で一気にブレイク。『マイノリティ・リポート』（2002年）や『ミッション：インポッシブル』シリーズなどの人気作に立て続けに出演し、スターとしての地位を確立した。スタントを使わずに危険なアクションシーンをこなすことで有名。『ミッション：インポッシブル／ゴースト・プロトコル』（2011年）においては、命綱1本で高層ビルをダイブする撮影を行うため保険を解約したらしい。

出演するため役づくりに励んだブラッドは、体脂肪を減らすトレーニングによって非常に美しい筋肉をつけた。その彫刻のごとき「タイラー・ダーデン・ボディ」こそ、スクリーンにおける新たな「男らしさの理想形」となったのである。

映画製作における需要から考えよう。ボディビルダーとして名を馳せた**アーノルド・シュワルツェネッガー**が『ターミネーター』（１９８４年）をはじめとする１９８０年代映画で魅せたマッチョ・オブ・マッチョな肉体はそう簡単につくれるものではない。一方、「タイラー・ダーデン」型ならば、アクションジャンルを専門にしない俳優でも数カ月のトレーニングによって築きあげられる。こうして２０００年代が幕を開けた。『ボーン』シリーズの**マット・デイモン**、『００７』シリーズの**ダニエル・クレイグ**、そしてマーベル映画『ガーディアンズ・オブ・ギャラクシー』に主演するため身体を引き締めたクリス・プラット……これらの男優の身体がターミネーターよりファイト・クラブ創始者に近いことは明らかだろう。

強靭な戦士たちが大勢で争う『３００〈スリーハンドレッド〉』（２００６年）に至っては、トレーナーが役者陣に「タイラー・ダーデンのボディを目指せ」と指導したことが明かされている。「短期間でＢＭＩを落とすトレーニング方式」は、スーパーヒーロー・

**ジェニファー・アニストン**
１９６９年、カリフォルニア州シャーマンオークス生まれ。１９９４年に放送開始されたテレビドラマ『フレンズ』のレイチェル・グリーン役でブレイクを果たす。２０１８年にELLEに掲載されたアメリカの消費者調査では、元大統領夫人ミシェル・オバマ、英国王室ケイト・ミドルトンに次ぐ3番目の知名度を誇る女性だった。つまり、女性のエンターテイナーとしてはトップと言っていいほどの存在である。

**チャック・パラニューク**
１９６２年、ワシントン州パスコ生まれ。オレゴン大学でジャーナリズムを学んだのち、整備士として働きながら１９９６年に小説『ファイト・クラブ』を発表してカルト的な人気を博す。２０１６年、彼の小説『ララバイ』の映画化がブラッド・ピット主演で企画されたものの、ブラッドのプライベート問題によって停止中でジャンル含めたアクション映画需要が増加し、さらには男優の身体にも性的魅力が求められる状況となった21世期のハリウッドに適したものだった。別の見方をすれば、このニュースタンダードの先駆者であり「完成体」として語り継がれる存在として、『ファイト・クラブ』のブラッド・ピットは十二分に魅力的だった。2013年、映画『パシフィック・リム』主演俳優として「ヒーローのような身体」を求められてトレーニングに励んだ**チャーリー・ハナム**は、GQ UKに対してこのように語っている。「(トレーニングしなきゃいけなかったのは)ブラッド・ピットのせいだよ!『ファイト・クラブ』以降、男がシャツを脱ぐ姿の基準がものすごく高くなってしまったんだ!」

## スキャンダルもはね除ける人気と実績

21世紀最初の20年においても、ブラッド・ピットは順調なキャリアを歩むこととなる。とはいえ、スキャンダルもあった。2000年代には、前出ジェニファーと結婚中でありながら映画『Mr.&Mrs.スミス』の共演相手**アンジェリーナ・ジョリー**との不倫の噂が立った。疑惑が渦巻くなか、ブラッドは「TRASH(クソ野郎)」とプリントされたTシャツを着用し、パパラッチの前で妻とキスしてみせたのだが、なんとその直後、離婚を発表してアンジェリーナとのオープンリィ交際に突入。ものすごい話だが、このゴシップ

ある旨を明かした。

**アーノルド・シュワルツェネッガー**
1947年、オーストリアのシュタイアーマルク州生まれ。10代の頃からボディビルダーとして頭角を現し、1968年に渡米。渡米後は俳優に転向し、アクション俳優として一世を風靡した。2003年から2011年にかけては、カリフォルニア州知事を務めたことでも知られている。70代になってもチャレンジ精神は旺盛で、2019年、アンドレアス・ガバリエによる楽曲「Pump It Up」にてラッパーデビューを果たした。

ドラマが彼の人気を激減させたとは言いづらい。ある種タイラー・ダーデンのようなパンキッシュなアティチュードが、少なくない人々を恍惚とさせたことも事実だろう。

アンジェリーナとは子どもにも恵まれ結婚も果たしたが、2016年には離婚に至っている。このあいだ、映画人としてのブラッドは高みにのぼりつづけた。のちのオスカー常連監督**アレハンドロ・ゴンサレス・イニャリトゥ**による『バベル』（2006年）や前出デヴィッド・フィンチャー監督『ベンジャミン・バトン 数奇な人生』（2008年）に主演した際にはアカデミー賞ノミネートを受けている。その横でブラッドが力を入れたものが映画製作だ。2002年に当時の妻ジェニファーらとともに設立した製作会社プラン・Bエンターテインメントを自己所有に切り替え、出演作のみならず**マーティン・スコセッシ**監督『ディパーテッド』（2006年）など幅広い映画作品を手掛けてプロデューサーとしてもトップに君臨した。なかでも2010年代にアメリカ映画界を揺るがした作品群が、アカデミー賞作品賞を受賞した『それでも夜は明ける』（2013年）、『ムーンライト』（2016年）といったブラックムービーである。当時「白人だらけ」とバッシングされていたオスカーで最大の賞を獲得した両作は、「黒人映画は売れないからつくらない」通説が根づくハリウッド業界を変革した。映画愛を炸裂させてオザークの山岳地帯からロサンゼルスにやってきた青年は、製作者としてもスーパースターと

**マット・デイモン**
1970年、マサチューセッツ州ケンブリッジ生まれ。ハーバード大学在学中から俳優活動をスタート。幼なじみで俳優のベン・アフレックとともに『グッド・ウィル・ハンティング／旅立ち』の脚本を執筆して1997年に公開。アカデミー脚本賞を受賞したことで一躍注目を浴びる。在学中に俳優の仕事が忙しくなったため、結果的にハーバード大学を中退している。両親がやってきた卒業式では、帽子とガウンを着こなして卒業生の身分を偽装したらしい。

**ダニエル・クレイグ**
1968年、イングランドのチェスター生まれ。舞台俳優としてキャリアをスタートし、2006年『007 カジノ・ロワイヤル』で6代目ジェームズ・ボンド役に抜擢された際、ジェームズ・ボンド役の俳優としては「従来のイメージとは違う」ということで一部で批判さ

なったのである。

## 内に秘めた悪魔

50代に突入しても、ブラッド・ピットはまさしく「パーフェクトな男」だった。面白い例として、俳優としての彼の需要がある。1999年『ファイト・クラブ』と2019年のSF大作『アド・アストラ』、どちらの製作陣も「パーフェクトな男」に演じてほしい役柄だったからブラッドを選んだと漏らしているのだ。20年ものあいだ、彼は「理想的な男」でありつづけていた。しかしながら、2つの映画が求めた「完璧」には違いがある。1999年『ファイト・クラブ』のタイラー・ダーデンにブラッドがピッタリだった理由は、「すべてを持っていた」彼が皮肉屋な一面も備えていたことにある（冒頭で紹介した「仏教の三悪」発言を見ればおわかりだろう）。一方、2019年『アド・アストラ』の**ジェームズ・グレイ**監督は「すべて上手くいってるように見える外面を持ちながら、内面では己に巣くう悪魔と戦ってる男」としてブラッドが最適だったと語っている。さて、「完璧」なブラッドが内に秘めた「悪魔」とは、なんだったのだろう？

SF映画『アド・アストラ』でブラッド演じる主人公ロイは、偉大な宇宙飛行士である

れたが、みごとにボンドを演じきって称賛を浴びた。「ビヨンセとリアーナどちらにボンドガールになってほしいか」と問われた際、後者だと即答。ビヨンセならボンドがいなくとも敵を倒せそうなので致し方ない。

**チャーリー・ハナム**
1980年、イングランドのニューカッスル生まれ。10代の頃に俳優として活動をスタートし、テレビシリーズなどに出演。映画俳優として『トゥモロー・ワールド』（2006年）や『パシフィック・リム』（2013年）、『キング・アーサー』（2017年）などに出演している。キャリア初期の代表作はドラマ『サンズ・オブ・アナーキー』。父親も「アウトローなギャングっぽいオーラをまとうクズ金商人」だったらしい。

父親と同じ職についたエリート男性である。仕事に邁進する一方、父が事故死したトラウマと感情を共有するコミュニケーション面の問題を抱えており、妻との結婚生活を破綻させている。そんななか、地球が突如サージ電流に襲われて膨大な犠牲者が発生。電流を落とした犯人は秘密裏に生存していた父親である疑いを聞かされ、動揺したまま事態解決に向けて宇宙任務に出ることとなる……このストーリーは、製作を兼任したブラッド・ピット本人の人生と共鳴するところがある。彼が本作への出演を決めた2016年は、前出アンジェリーナ・ジョリーとの離婚が決まった時期である。『アド・アストラ』公開のタイミングで本人が語ったところによると、仕事に熱中しすぎて妻子との関係を悪化させてしまったようだ。

離婚によって深く傷ついたブラッドは、セラピーを受けながら、自傷行為のごとく大量摂取していたアルコールを絶ち、変化しようと努力した。なかでも、アルコール依存者同士がサポートし合う会合アルコホーリクス・アノニマスに通ったことは、人生観を変えるほどの衝撃だったようだ。「そこでは、男性たちが座って、自分の心情を正直に吐露していた。そんなやり方があるなんて聞いたこともなかったよ。安心な場所だったし、他人や自分をジャッジすることもほとんどなかった……自分の醜い部分を明かして解放を得ることには、すごく価値がある」ブラッドの告白はまだまだ続く。山岳地帯で事業

**アンジェリーナ・ジョリー**
1975年、カリフォルニア州ロサンゼルス生まれ。10代の頃からモデルとして活動し『17歳のカルテ』(1999年)でアカデミー助演女優賞にノミネートされ、主演した『トゥームレイダー』(2001年)や『Mr.&Mrs.スミス』(2005年)がヒット。2010年代には監督、脚本、プロデュース業にも進出した。ゴージャスな大女優として知られるが、本人によると間抜けなところもある人柄。『マレフィセント2』(2019年)撮影時には20歳以上年下のエル・ファニングと卓球を楽しんでいた。

**アレハンドロ・ゴンサレス・イニャリトゥ**
1963年、メキシコのメキシコシティ生まれ。『バベル』(2006年)、『バードマン あるいは(無知がもたらす予期せぬ奇跡)』(2014年)、『レヴェナント：蘇えりし者』

を立ち上げ貧困から脱した父親に育てられた彼は、ある種『ファイト・クラブ』のタイラー・ダーデンのような、マッチョな「アルファメイル」として生きてきたという。泣くのは女の仕事であり、男は感情を表に出さず〝やること〟をやり遂げる……父譲りのスタンスは、ブラッドに良い面ももたらした。しかし、自分の感情に蓋をしつづけたからこそ、隣人と向き合うことができず、家族を失う結果につながってしまったのだという。

父の影響、仕事の成功と離婚、感情を閉ざすコミュニケーションの問題。ブラッドが語ったことは、『アド・アストラ』のストーリーにそっくりだ。The New York TimesやGQにおいて離婚後の変化を語ったブラッドは、映画に懸けるかたちで、己の脆弱性《ぜいじゃくせい》と向き合い、感情をオープンにする大切さを呈している。「事実として、我々は痛みや悲しみ、喪失感を抱えている。大抵の場合、隠されているが、心のうちに存在するのは確かだ。だから、それらの箱を空けるべきなんだ」「脆さには強さがある。それは見せかけのポーズでもないし、筋肉の強靭さや、〝自分はなんでもできる〟なんていう盲目的な自信でもない。自分自身の強さと弱さを知ること、それこそ本当の自信なんだ」

（2015）などの作品が高い評価を得ている。2015年『バードマン』にて作品・監督部門を含むアカデミー賞を獲得した際、「恐怖は人生におけるコンドーム。楽しみを阻む」と持論を展開し、避妊具をはずした結果がこの作品だ、と独自のセンスで喜びを表した。

**マーティン・スコセッシ**
1942年、ニューヨーク州ニューヨーク生まれ。ニューヨーク大学で映画を学び、『ドアをノックするのは誰？』（1967年）で注目を集める。バイオレントかつユーモアのある作風を得意とする、世界中にファンを持つ巨匠である。2019年にマーベル・シネマティック・ユニバースについて「映画よりテーマパークに近い」と批判して大きな話題となった。その年のクリスマス、娘からマーベルのラッピング・ペーパーに包まれたプレゼントを贈られた。親子仲は良好のようである。

## 毒のような男らしさ

『アド・アストラ』のキャンペーン期間、ブラッド・ピットが提唱したもののひとつに「マスキュリニティ」問題がある。ブラッド本人と『アド・アストラ』のロイ、その両方を蝕んだもののひとつは、父親譲りの「伝統的な男らしさ」にほかならない。「男ならば弱音を吐くべきではない」といった社会的な模範が、苦しむ男性を生み出している……いわゆる「トキシック・マスキュリニティ（毒のような男らしさ）」と呼ばれるイシューである。事実、ブラッドの言葉を借りれば、映画『アド・アストラ』は、「伝統的な男らしさ」がまったくもって機能しなくなる空間に追い込まれた主人公が内面を曝け出すことで変化していく設計である。彼はこうもつけ加えた。「まるで、今日の我々のようにね」彼の言うとおり、この映画には、ポップカルチャーとしての時事性も備わっていた。

『メリル・ストリープ』章で紹介した#MeToo運動の活発化をひとつの契機として、2010年代後半アメリカのエンターテインメント界では「男らしさ」表象の見直しも盛んになっていたのだ。俳優**ティモシー・シャラメ**やラッパーのリル・ナズ・Xなど、この頃「新時代」と拍手喝采された若手男性スターの多くが「伝統的な男らしさ」から逸

**ジェームズ・グレイ**
1969年、ニューヨーク州ニューヨーク生まれ。南カリフォルニア大学で映画制作を学び、学生時代に制作した作品がプロデューサーの目にとまる。25歳のときに『リトル・オデッサ』（1994年）で長編映画監督デビューを飾った。同作がヴェネチア国際映画祭で銀獅子賞を受賞。彼によると、ブラッドに似ている俳優はホアキン・フェニックス。2人とも準備万端で撮影に挑み、たくさん質問をしてくるらしい。

**ティモシー・シャラメ**
1995年、ニューヨーク州ニューヨーク生まれ。主演を務

脱するような存在であった。２０２０年に行われた第92回アカデミー賞にしても、『アイリッシュマン』を筆頭としたノミネート作品は「トキシック・マスキュリニティ」問題や「男らしさの変容」を象徴する作品ばかりだと評判なほどだった。そんな旋風のなか、長らくハリウッドの「理想的な男らしさ」の象徴であったブラッド・ピットが「マスキュリニティ」問題に一石を投じた影響は大きいだろう。

## カリフォルニアの夢

『ファイト・クラブ』から20年経った２０１０年代最後の年、55歳になったブラッド・ピットはまたしても「完璧なボディ」をスクリーンに披露していた。クエンティン・タランティーノ監督作『ワンス・アポン・ア・タイム・イン・ハリウッド』にてスタントマン役を演じるなか、屋根の上で半裸になってアンテナを直していく、かなり意図的にセクシーな場面をやってのけたのである。この神々しいシーンに対して、評論家**マノーラ・ダーギス**は、小説家**ウォルター・カーン**がロバート・レッドフォードに贈った言葉をブラッドに適用させている。「スクリーンに立つ彼は、映画産業そのものを象徴している。まるでカリフォルニアの夢のよう」確かに、ブラッド・ピットはハリウッド・バビロンに輝く夢のような存在だ。その幻想を30年間も保ちつづけられた理由は、映画人と

めた『君の名前で僕を呼んで』（２０１７年）の演技が各方面で称賛され、一躍人気俳優となる。既存のイメージにはまらない男性性の表現に意識的な俳優であり、ミュージシャンとしてマスキュリニティ表現を革新したラッパーのリル・Bを尊敬している。ラップヘッズとしても知られ、高校時代は卒業生ニッキー・ミナージュのモノマネを舞台で披露していた。

**マノーラ・ダーギス**
１９６１年生まれ。ニューヨーク大学で映画学を学び、映画評論家としてのキャリアをスタート。Los Angeles Timesを経て、現在はThe New York Timesのチーフ映画評論家として記事を執筆しているほか、多くのメディアに寄稿をしている。２０１６年には、日本映画『クリーピー』の香川照之こそアカデミー賞主演男優部門にノミネートされるべきだと主演した。

して時流を読むことに秀でた彼自身が、学ぶこと、そして変わることを恐れなかったゆえである。

タイラー・ダーデンのように生きてきたことを認めたブラッドは、離婚後まったく違う種類の人間になろうとしたわけについて、印象的な言葉を発している。「すべてが周期的なんだ」確かに、彼の「パーフェクトな男」像のフィルモグラフィーにはサイクルがある。今となっては暴力的要素が多くのファンを惹きつけた一面が喧伝される『ファイト・クラブ』だが、原作小説誕生のきっかけとなった出来事は、ブラッドが体験したアルコホーリクス・アノニマスような「男たちの集会」であった。トラック製造工場企業で働いていた原作者チャック・パラニュークは、休憩時間には同僚と愚痴り合ったという。とくに、息子を顧みなかった父親への怒りについて。そこからインスピレーションを得たパラニュークによって『ファイト・クラブ』が生み出され、映画版でタイラー・ダーデンを演じたブラッド・ピットがハリウッドに「理想的な男らしさ」を与え、さらに20年後、まるでパラニュークが身を置いた休憩室のごとき空間で変化したブラッドその人が、『アド・アストラ』にて新たなる「男らしさ」のかたちを提示してみせたのだ。確かに、学び続ける映画人、ブラッド・ピットの言うとおり。「すべてが周期的なんだ」

**ウォルター・カーン**
1962年、オハイオ州アクロン生まれ。プリンストン大学とオックスフォード大学で英文学を学ぶ。国語教師を経て小説家デビュー。2001年に発表した小説『Up in the Air(邦題:マイレージ、マイライフ)』が有名で、同作は2009年にジョージ・クルーニー主演で映画化された。

# 近藤麻理恵

## 日本文化のスピリチュアリティ需要

# Marie Kondo

# アメリカで最も有名な日本人セレブリティ

アメリカで最も有名な日本人セレブリティは誰だろうか？　**オノ・ヨーコ**に**草間彌生**《くさまやよい》、さらには2017年メットガラのテーマにもなったコムデギャルソンの創始者・**川久保**《かわくぼ》**玲**《れい》。ほかにも、ほぼアメリカ育ちではあるが、テニス選手の**大坂なおみ**などが挙げられるだろう。ただし、2010年代、アメリカのエンターテイメント界のトップにおどり出たポップアイコンには「片づけコンサルタント」近藤麻理恵が入るはずだ。

2019年春、ニューヨークに拠点を移していたお笑いタレントの**渡辺直美**の言葉を借りれば、近藤は「街を一人で歩けないほど」の有名人になっていた。渡辺もアメリカ版Vogueに登場するなどして活躍していたわけだが、それでも現地の英語教師に「今度、近藤さんと食事をする」と伝えたら「すごすぎる！」と驚愕されたそうだ。それもそのはずである。同年、大手ストリーミングサービスNetflixにて配信された近藤の番組『KonMari～人生がときめく片づけの魔法～』は世界的なヒットを果たし、英米で「こんまり現象（Kondo Effect）」を巻き起こしていたのだから。

**オノ・ヨーコ**
1933年、東京都生まれ。前衛芸術家。1966年にジョン・レノンと出会い、1969年に結婚。同年にジョンとともにバンド「プラスティック・オノ・バンド」を結成。1980年にジョンが亡くなったのちもアーティストとして精力的に活動し、2009年には小山田圭吾や息子のショーン・レノンとともにプラスティック・オノ・バンドを再結成している。アメリカでも著名な存在であり、10代の頃に彼女の著書を持って実家を出たシンディ・ローパーは、影響の大きさを度々公言している。

**草間彌生**
1929年、長野県生まれ。前衛彫刻家、画家、小説家。10歳の頃より水玉と網模様をモチーフに絵を描きはじめ、水彩、パステル、油彩などを使った幻想的な絵画を制作。1957年に渡米し、活動の幅を広げて前衛芸術家とし

## アメリカを席巻する「こんまり現象」

アメリカで起こった「こんまり現象」を一部紹介しよう。２０１９年元旦にリリースされた『KonMari ～人生がときめく片づけの魔法～』は、その名のとおり「片づけコンサルタント」近藤がアメリカの家庭を訪問して掃除を指南するリアリティショーである。配信後には、各地リサイクルショップへの持ち込みが増加した旨が米ＣＮＮやＮＢＣ、英ＢＢＣなどの大手メディアによって報道された。「多くの視聴者が掃除をした結果リサイクルが激増」これがひとつの「Kondo Effect」である。

それだけのヒットをしたのだから、こんまり現象はまだまだ止まらない。彼女の名前は「近藤メソッドで片づけをする」意味を指すスラング動詞としてインターネットに普及した。たとえば、ＣＮＮは「そろそろキッチンをマリエ・コンドーするとき？（Time to Marie Kondo your kitchen?）」とポスト。もう少し軽い文体では「kondo-ing」と書かれることもある。政治系メディアPoliticoヨーロッパ版は、同年2月「マリエ・コンドー・スタイルによるＥＵ再編」を主張する論説を掲載した。とにもかくにも、お堅いメディアすら便乗するほどの文化現象だったわけである。

ての地位を確立。世界各地の美術館で展覧会を開催し、国際的な知名度を得ている。世界各国で展開されたインスタレーション、通称「Infinity Mirror Room」はセレブリティ間でも人気が高く、英国人歌手アデルは２０１６年ＢＲＩＴアワードにおけるパフォーマンス映像にこれを起用した。

**川久保玲**
１９４２年、東京都生まれ。１９６９年にファッションブランド「COMME des GARÇONS（コム デ ギャルソン）」を立ち上げる。日本で成功を収めたのち、１９８１年にフランスに進出。黒を多用したデザイン、穴の空いたニットなど、ファッション業界の既成概念に一石を投じてセンセーションを巻き起こした。北米ヒップホップ・コミュニティでも人気が高く、２０１６年、ドレイクはアルバム『Views』キャンペーンに同ブランドの「PLAYロゴ」を使用した。

番組の大ヒットにより全米規模のセレブリティとなった近藤は、リリース1カ月半後に開催されたアカデミー賞から招待を受け、レッドカーペットに姿を見せた。続けて、同年秋には、テレビ番組を表彰するエミー賞で2つのノミネーションを受ける。アメリカのエンターテイメント界の頂点に立つ四大アワード「EGOT（エミー／グラミー／オスカー／トニー）」のうち半分からセレブリティとして迎え入れられたのだ。

## 大ヒットの秘訣は「スピリチュアリティ」

アメリカで大ヒットを記録した番組『KonMari～人生がときめく片づけの魔法～』とは、どんなものなのか。キーワードは題名にもある「ときめき（英訳：Spark Joy）」片づけをするなかで「残すもの」と「捨てるもの」を決める際、ひとつひとつものを手にとって「ときめき」を感じるかで分別する。これが近藤メソッドの本懐である。番組内で近藤に指導されながら家を片づけていったアメリカの人々は、自己と向き合って「ときめき」精査をするうちに人生で必要なものを再発見していく。その結果、感動の涙を流す者もいるし、過去と決別する勇気を得る人も出てくる。要するに、『KonMari』は便利で素敵な片づけ方法を伝授する自己啓発番組のような趣なのだ。

**大阪なおみ**
1997年、大阪府生まれ。日本人の母親とハイチ系アメリカ人の父親を持つ。3歳のときに渡米し、2013年にプロのテニスプレイヤーとなった。2014年に新人ながらサマンサ・ストーサー（2011年全米オープン覇者）に勝利したことで世界の注目を集める。180㎝の長身から打ち下ろすパワフルなサーブと強力なフォアハンドが持ち味。日本のアニメやゲームのファンであり、2017年から2019年にかけてコーチを担当したサーシャ・バインは、彼女と親交を深めるために『DEATH NOTE』のアニメを観て勉強したという。

**渡辺直美**
1987年、台湾の台北市生まれ。18歳のときに芸能界デビュー。ビヨンセのモノマネで一世を風靡し、アメリカ版Vogueでメイクの方法を紹介するなどしている。日本人の自己啓発大国アメリカでは、元々自分探しを片づけと組み合わせたテレビ番組も存在していた。では、『KonMari』の大ヒットの秘訣はなんなのか。そこには、ある種のジャパニーズブランドがある。The Hollywood Reporterにインタビューされた番組プロデューサー、**ゲイル・バーマン**は、本作の特徴を「スピリチュアリティ（精神性）」と説明している。一般的な指導番組とは異なり、パーソナリティの近藤は相談者にメソッドを教えるだけで一緒に片づけたりはしない。迷える人々に精神的なつながりを与えることで手助けをする、プロデューサーはそこを「個性」としたのだ。

　事実、『KonMari』はスピリチュアリティ要素を備えた番組といえる。インターネットで話題になった2つのシーンを紹介しよう。まず「家への感謝」相談者の家を訪問した近藤は、掃除を始める前に床に正座するように座り、祈るようにして建物に感謝の念を伝える儀式を行う。そうすることでヴィジョンが明確になり、ものごとがスムーズにいくようになるのだという。驚く相談者もいるが、家と会話する「初体験」を通して感動する人も映される。もうひとつの話題は「ものへの感謝」近藤は「捨てるものにも感謝すべきだ」と説く。たとえば、お金を出して買ったのに1度も着なかったシャツを捨てたい場合、罪悪感が邪魔して掃除が中断してしまいがちだ。そういうとき、「こういうシャツは似合わない」と教えてくれたその存在に声を出して感謝を伝えていけば、決断

父親と台湾人の母親を持ち、日本と台湾を行き来しながら育ったため、デビュー当時はあまり日本語が上手く話せなかったという。Netflixのドキュメンタリー『クィア・アイ in Japan!』に出演したことでも話題を呼んだ。

**ゲイル・バーマン**
1956年、ニューヨーク州ニューヨーク生まれ。メリーランド大学で演劇の学士号を取得したのち、演劇プロデューサーとしてキャリアをスタート。2000年から2005年にかけてフォックス・ブロードキャスティング・カンパニー娯楽部門の社長を務め、『アメリカン・アイドル』『24 -TWENTY FOUR-』などの番組を大ヒットさせた。近藤麻理恵に関しては「初めて会った瞬間から目が離せないスターだった」と語っている。

を下しやすいし、自分にとって必要なものがクリアになっていくのだと訴える。全米で話題を呼んだ、家とものへの感謝。これらは両方ともスピリチュアリティ、いわば精神的なプロセスといえる。

## 「東洋的スピリチュアリティ」需要の増加

アメリカにおける近藤麻理恵ブランドは「東洋的スピリチュアリティ」ともいえる。Netflixドキュメンタリーよりも前に書籍『人生がときめく片づけの魔法』(サンマーク出版)をヒットさせた近藤だが、このヒット書籍の米版タイトルは『The Life-Changing Magic of Tidying Up: The Japanese Art of Decluttering and Organizing』で、きちんと「ジャパニーズ」と記載されている。米Amazonにおいて同書は「仏教」ジャンルにもカテゴライズされており、近藤を「アニミズムな禅ナニー」と呼ぶThe New York Timesの書評が宣伝に使われている(2019年12月24日現在)。アニミズムとは「生物・無機物を問わずすべてのものに霊が宿っている」と考える精霊信仰を指す。前述した、近藤の家やシャツに感謝を伝える行為はアニミズムにあたるようだ。このように、米国市場において近藤麻理恵が「東洋的スピリチュアリティ」としてマーケティングされていることは、米Amazonの商品ページを見るだけで察することができる。

「東洋的スピリチュアリティ」は2010年代アメリカで人気が増加した分野とされる。その背景には、心理面含むウェルネス分野を押し出したテクノロジー界隈がある。人気SFドラマ『ブラック・ミラー』(2011年〜)で描かれるように、禅や瞑想など、アジア的なスピリチュアル修行に勤しむシリコンバレーのIT長者の像はポップカルチャーのステレオタイプになった。無論、この「東洋」には日本も入る。元々『ポケットモンスター』や『スーパーマリオ』シリーズなど「楽しいポップカルチャー」の名手として国際的知名度を築いた現代日本文化だが、西洋においてもうひとつの大きな需要が「ソフトなスピリチュアリティ」とされる。

たとえば「生き甲斐」という言葉は、英語圏にない概念としてテレビシリーズ『ゲーム・オブ・スローンズ』(2011〜2019年)に出演する人気若手女優**メイジー・ウィリアムズ**がタトゥーにするほど、自己啓発的なものとして注目を集めた。ほかにも、若者が共同生活をするリアリティショー『テラスハウス』すら「禅なマインドフルネス番組」として評価されるなど、日本国内では驚かれるような受容が次々と発生している。柔らかく精神的な印象をもたらす日本式「ソフトなスピリチュアリティ」は『アリアナ・グランデ』章で触れたような「セルフケア」「小さい世界のパーソナルな幸福」といった癒やしの需要とも重なるものだろう。シリコンバレーのIT長者たちがトレンドセッ

**メイジー・ウィリアムズ**
1997年、イングランドのブリストル出身。2011年に放送が開始されたテレビシリーズ『ゲーム・オブ・スローンズ』で主要登場人物の一人、剣士アリア・スタークを演じた。メイジーにとってアリア役が女優デビューだったが、彼女の演技は各方面から称賛され、作品は大ヒット。一気に世界的な知名度を獲得した。同シリーズの大ファンであるテイラー・スウィフトは、楽曲「Look What You Made Me Do」にてメイジーが演じたアリアの「復讐リスト」をリファレンスにしている。

ターとされるこのブームの背景にあるものが、ソーシャルメディアが起こす「情報疲れ」だとされているあたり、皮肉な話でもあるが。

## ソフトなスピリチュアリティとビジネス手腕

「ソフトなスピリチュアリティ」な日本文化ステレオタイプとして、競争より精神性を重んじる姿勢が挙げられる。「禅なマインドフルネス」として称賛された『テラスハウス』にしても、英米の人気リアリティ番組とは異なり、確固たる競争ルールがなく、参加者が自分探しや勉強などの抽象的な理由で自由に退場できる構成がレアリティとなった面がある。鮨職人・**小野二郎**を追ったドキュメンタリー映画『二郎は鮨の夢を見る』（2011年）のヒットにより国際的な知名度を獲得した名店「すきやばし次郎」にしても、その精神性がある種のブランドとなっている。同店の話なのかは不明だが、オスカー女優**ナタリー・ポートマン**は、圧倒的な名声を得たにもかかわらず大規模な展開を行わない東京の高級寿司店のスタンスに感銘を受けたとして、母校ハーバード大学で演説を行った。そこでは「金儲けではなくたった一品の料理の完成を追求する日本の職人精神」の美徳が説かれている。実際どうなのかはともかく、「アメリカ式資本主義」とは対極をなす「東洋的スピリチュアリティ」と受けとめられたのかもしれない。

**小野二郎**
1925年、静岡県生まれ。1965年、銀座の数寄屋橋に「すきやばし次郎」をオープン。同店はミシュランガイドで三ツ星を獲得していたが、あまりの人気で「一般予約が不可」となったため2020年版では掲載を見送られている。彼の職人としてのストイックな姿勢は映画『二郎は鮨の夢を見る』で知ることができる。また、証言が錯綜しているこうした日本式「ソフトなスピリチュアリティ」ブランドで最も有名になったアイコンこそ、近藤麻理恵だろう。家に祈りまで捧げる「ときめき」メソッドは東洋の巫女のような印象をもたらすし、セレブリティとしての像も礼儀正しく、ガツガツしていない。だからといって、彼女が偶然スターになれた存在、というわけではないかもしれない。まず、受け答えのスキルが非常に優れている。Netflix番組ヒット後に受けたEsuquireインタビューでは、前述したアメリカの「情報疲れ」テーマの問いに上手く対応している。「書籍がヒットした2015年の時点で、人々は情報過多に非常に疲れていました。それがこの4年間でさらに増大しただけではないでしょうか」「新年を迎えるにおいてあなたが疲れているなら、家の片づけを提案します。家と持ち物は、私たちにとても近い存在だからこそ重要なのです。そこは、自分ですべてをコントロールできる空間です。幸福と安心を得られる環境づくりが可能なのです」当時アメリカで求められていた「セルフケア」レッスンの理想形のようなコメントだ。

さらに、落ち着いた礼儀正しいイメージを持ちながら、彼女のビジネス手腕は相当にアクティブだ。たとえば、Netflix番組がヒットした2019年の冬には、英語オンラインショップ「KonMari Shop」をオープンしている。着物ローブや木製ネイルブラシ、クリスタルつき音叉など、伝統的な日本文化を基調とした高級ラインナップとなってい

が、2014年に来日したバラク・オバマ大統領は、この「すきやばし次郎」を訪問する前の昼食、さらにはその翌日においても他店の高級寿司を食べるすしざんまいっぷりを発揮したと噂されている。

**ナタリー・ポートマン**
1981年、イスラエルのエルサレム生まれ。幼少の頃にアメリカに移住し、『レオン』(1994年)でスクリーンデビューを飾り『スター・ウォーズ』シリーズでパドメ・アミダラ役を演じたことで人気を不動のものとした。2010年に主演した映画『ブラック・スワン』ではアカデミー主演女優賞を獲得するなど非常に高い評価を得た。ビーガンのため、魚も口にしない。ハーバード大学の講演では「(野菜寿司しか食べなかった)私が褒めるのだから、どれだけ素晴らしいお寿司なのかおわかりいただけるでしょう」とジョークにしていた。

るほか「東洋的スピリチュアリティ」好きにはたまらないであろう近藤による日本語解説動画も用意されている。「片づけの教祖が人々の持ちものを増やそうとする皮肉」と揶揄する米国メディアもあったが、なにも近藤メソッドは最小限主義というわけではない。自分の心がときめくならば所有したままで良いし「ときめき」を感じるものを新たに手に入れても良い……消費大国アメリカにおける小売展開に適った思考といえるだろう。アメリカ人は近藤から「ソフトな精神性」を学んだようだが、日本に住む者としては、彼女のビジネス開拓スピリットを見習うべきなのかもしれない。

# あとがき

　幼いときからアカデミー賞が大好きで、自分を受賞者と見立てたスピーチを妄想する日々を送ってきました。どうやら同志は世界各国にいるようで、イマジネーションを繰り広げた末に本当のウィナーになった方もいます。2008年に『愛を読むひと』で主演女優賞を獲得した**ケイト・ウィンスレット**は、壇上に上がるや否や明るく語りはじめました。「あれはたしか8歳の頃、バスルームの鏡の前で、シャンプーボトルをトロフィーに見立ててた。今持っているものはシャンプーボトルじゃない！」この陽気なスピーチは、2017年、ふたたび話題に上がることになります。当時の彼女は、オスカー演説のお約束である「関係者に感謝を述べるフェーズ」で、大物プロデューサー、ハーヴェイ・ワインスタインの名を口にしなかった。#MeToo騒動で性犯罪者としての顔を暴かれた横暴な男への反抗だったそうです。つまり、一部オスカーオタクから共感を呼んだ演説は、明るいだけでなく、勇敢なオルタナティブ声明でもあったのでした。

　やや不穏な書き出しになってしまいましたが、前述したように、アカデミー賞の壇上では関係者への感謝がお約束になっています。この「ありがとう」ルールは、幼い自分

**ケイト・ウィンスレット**
1975年、イングランドのバークシャー州生まれ。10代の頃から映画やテレビシリーズに出演しはじめる。世界的に大ヒットした映画『タイタニック』（1997年）で大きな知名度を獲得。演技派女優としてアカデミー賞やゴールデングローブ賞に何度もノミネートされている。『タイタニック』終盤において、彼女が演じたローズは恋人ジャック（レオナルド・ディカプリオ）とイカダ（実際にはイカダがわりにしたドア）を分け合えたか？という議論は20年続いているものだが、本人は「分け合えた」派らしい。

がスピーチを妄想するにあたって難儀な存在でした。カッコいい台詞を連発したいのに、関係者の名前を挙げていったら時間が惜しい！　受賞者も本当は言いたくないのでは⁉……と。そんな無礼な発想を抱えてきた身ですが、一冊の本を書き上げた今なら、オスカーウィナーたちも本心から感謝を捧げていた、と思える次第です。

実はこの本、脱稿までに1年以上かかってまして、関係者の方々、とくに編集の三浦修一さん、イラストを描いていただいた澁谷玲子さんを大変お待たせしてしまったプロジェクトでした。三浦さんの寛容で的確なご助言、澁谷さんの素敵でそっくりなイラストなしには100％世に出ることがなかったと断言できます。言葉ではたりませんが、深く感謝申し上げます。

20章立てで個性豊かなセレブリティについて探った本書ですが、一人だけ良いテーマが思い浮かばず入れられなかった存在が、ちょくちょく名前は出てくるポップスター、ケイティ・ペリーです。2010年、マイケル・ジャクソンの史上最高記録に並ぶかたちでナンバーワン・ヒットソングを5つ輩出したアルバム『Teenage Dream』で大きな成功を収めた彼女は、メジャーなメディアの批評で高評価を受けるような作風ではなかったのですが、そのかわり、人々の生活に根づく陽気なポップアンセムを歌いつづける、まるでポップカルチャーそのものなアーティストでした。

2015年には、ビビッドなスーパーボウル・ハーフタイムショー・パフォーマンスが「アメリカで最も視聴されたテレビモーメント」となる全盛期を迎えています。しかし、その後、セールスを低下させていきました。2010年代の終わりには、キム・カーダシアンが以下のツイートに力強く「SAME!!!!!（私も!!）」と賛同しています。

「ときどきケイティ・ペリーの『Teenage Dream』を聴きたくなる。そして、今よりずっとシンプルだった2010年が恋しくなるんだ」

ピンナップガールのようなケイティが雲の上で横たわる『Teenage Dream』は、アイデンティティ政治が普及するまで「ポップカルチャーの王道」とされてきた「白人の異性愛ロマンスの夢」が詰まったメガヒット作品だった……そう考えると、楽天的に愛を祝福していった彼女が、2015年、ちょうどディケイドの中間点でキャリアの頂点を迎えた流れは示唆的かもしれません。前出ツイートの表現を借りるなら、偶像としてのケイティ・ペリーとは「さまざまなことがシンプルにすまされていた時代」の最後の象徴だったのかもしれません。しかし、この本を書き終えて思ったことは、ある種、

『Teenage Dream』のような単純さこそ大事かもしれない、ということです。

カオスな社会状況やソーシャルメディアによって「いろんな考えの人がいること」を突きつけられがちな今、「自分の好きなものをただ好きでいること」は非常に重要なのではないか。結局、この世界に生きるたくさんの人たちが、それぞれ悩みを抱えながら一生懸命に生きてると思うのです。生きるだけで大変ならば、たとえば趣味だけは、何《なん》人《びと》にも侵されない愛情の居場所にする。

もちろん、さまざまな意見を聞くこと、変化していくことは大事です。その一方で『Teenage Dream』のようにシンプルに自分の愛を祝福し、自らの感受性を肯定することこそ、我々にいくばくかの余裕を与え、時に他者と共存しながら前進する気力をもたらしてくれる。ケイティのバブルガムで刹那的な歌を聴くとそんな風に思えてくるのです。

「現実逃避を与えるものばかり」ともいわれるポップカルチャーですが、10代の夢のようだからこその価値は絶対にあるはずです。それこそ、シャンプーボトルを握っていた少女がオスカー像を手にするまでになったように。

最後に、読者の方に感謝させてください。この本がなにかしらの興味を持つきっかけになってくれたら、それ以上の幸福はありません。

「後悔はなし／愛だけでいい
私たちは死ぬまでダンスできる
あなたと私は永遠に若いまま
まるでティーンエイジ・ドリームのなかにいるみたい」
（ケイティ・ペリー「Teenage Dream」）

辰巳ＪＵＮＫ

## 辰巳 JUNK たつみ・ジャンク

平成生まれのポップカルチャー・ウォッチャー。おもにアメリカ周辺のセレブリティ、音楽、映画、ドラマに関する論考を CINRA.NET、The Sign Magazine、エル・オンライン、リアルサウンド、文春オンラインなどの媒体に寄稿している。
Twitter：@TTMJUNK

# アメリカン・セレブリティーズ

発行日　2020 年 4 月 27 日　第 1 刷発行

著者 ――― 辰巳 JUNK

編集・構成 ― 三浦修一（スモールライト）
装丁 ――― 藤田康平（Barber）
イラスト ―― 澁谷玲子
校正 ――― 芳賀恵子

発行者 ―― 中村孝司
発行所 ―― スモール出版
〒 164-0003　東京都中野区東中野 3-14-1 グリーンビル 4 階
株式会社スモールライト
電話　03-5338-2360
FAX　03-5338-2361
e-mail　books@small-light.com
URL　http://www.small-light.com/books/
振替　00120-3-392156

印刷・製本 ― 中央精版印刷株式会社


Printed in Japan　ISBN978-4-905158-75-2